Osterspaziergang

Osterspaziergang

Geschichten und Gedichte zum Osterfest

Ausgewählt von Volker Held
und mit einem Nachwort von
Eva Kimminich

Philipp Reclam jun. Stuttgart

Universal-Bibliothek Nr. 9698
Alle Rechte vorbehalten
© 1998 Philipp Reclam jun. GmbH & Co., Stuttgart
Umschlaggestaltung: Anja Wesner, Stuttgart
unter Verwendung des Ölgemäldes *Iris* von Claude Monet
Gesamtherstellung: Reclam, Ditzingen. Printed in Germany 1999
RECLAM und UNIVERSAL-BIBLIOTHEK sind eingetragene Marken
der Philipp Reclam jun. GmbH & Co., Stuttgart
ISBN 3-15-009698-7

Inhalt

DAS EVANGELIUM NACH MATTHÄUS
Jesu Auferstehung 11

DAS EVANGELIUM NACH LUKAS
Jesu Auferstehung 12
Die Emmausjünger 13

* * *

EDUARD MÖRIKE
Karwoche 15

ANTON TSCHECHOW
Der Student 16

PAUL GERHARDT
An das Angesicht des HErrn JEsu 22

GUSTAVO ADOLFO BÉCQUER
Das Miserere 25

CHRISTIAN WAGNER
Ostersamstag 40

ADALBERT STIFTER
Die Karwoche in Wien 41

BERTOLT BRECHT
Karsamstagslegende 54

SELMA LAGERLÖF
Das Rotkehlchen 55

* * *

ANONYM
Christ ist erstanden 63

HEINRICH VON KLEIST
Der Engel am Grabe des Herrn 64

WILHELM WAIBLINGER
Die heilige Woche, Charaktergemälde aus
Rom 65

MATTHIAS CLAUDIUS
Osterlied 71

ANDREAS GRYPHIUS
Auf das Fest des auferstehenden Erlösers /
oder heil. Ostertag 73

GEORGE HERBERT
Osterflügel 74

HANS CHRISTIAN ANDERSEN
Das Osterfest in Griechenland 75

ANNETTE VON DROSTE-HÜLSHOFF
Am Ostersonntage 78

ERNST STADLER
Resurrectio 80

LEO TOLSTOI
Die Kerze 81

NOVALIS
Hymne an die Nacht 94

RAINER MARIA RILKE
Der Auferstandene 95

WLADIMIR DAL
Das Osterfest 96

EMANUEL GEIBEL
Ostermorgen 104

JOSEPH VON EICHENDORFF
Ostern 105

JOHANN WOLFGANG GOETHE
Osterspaziergang 106

ANATOLE FRANCE
Der Christus aus dem Ozean 107

DR. OWLGLASS
Um Ostern 113

THEODOR FONTANE
Frühling 113

THEODOR STORM
April 114

SIEGFRIED LENZ
Der Ostertisch 115

EDUARD MÖRIKE
Er ists 123

LUDWIG UHLAND
Frühlingsglaube 123

WLADIMIR KOROLENKO
Die Nacht vor dem Auferstehungsfest . . 124

RUDOLF ALEXANDER SCHRÖDER
Ostern 133

RAINER MARIA RILKE
Frühling ist wiedergekommen 134

PAULINE WENGEROFF
Pesach 134

DETLEV VON LILIENCRON
Vorfrühling am Waldesrand 140

ANNETTE VON DROSTE-HÜLSHOFF
Am ersten Sonntag nach Ostern 141

VLADIMIR NABOKOV
Osterregen 143

FRANZ WERFEL
Verheißung 153

JOHANNES BOBROWSKI
Ostern 154

PETER ROSEGGER
Als ich nach Emmaus zog 155

RAINER MARIA RILKE
Emmaus 165

BERTOLT BRECHT
Karfreitag 166

MARIE LUISE KASCHNITZ
Auferstehung 168

ANTONIO CARBONARO
Ostern 169

* * *

JOACHIM RINGELNATZ
Ostern 178
O Welt in einem Ei 179

CHRISTIAN MORGENSTERN
Ostermärchen 180

ALBRECHT GOES
Kindheitsostern in der Großstadt 189

PETER HUCHEL
Ostern in Alt-Langerwisch 191

HEINRICH LAUTENSACK
Altbayerische Osterspiele 192

EDUARD MÖRIKE
Auf ein Ei geschrieben 198

WILHELM RAABE
  Osterhas 199

TILL EULENSPIEGEL
  Die 13. Geschichte 200

JOACHIM RINGELNATZ
  Ostermärchen 201

JOHANN GAUDENZ VON SALIS-SEEWIS
  Märzlied 205

THEODOR STORM
  Frühlingsankunft 206

LIBOR SCHAFFER
  Fragen 207

KURT TUCHOLSKY
  Fröhliche Ostern 211

E. O. PLAUEN
  Die Ostereier bringt der Osterhase . . . 213

DR. OWLGLASS
  Das Osterei 216

HEINZ ERHARDT
  Ei vor Ostern 217

JOACHIM RINGELNATZ
  Rätselhaftes Ostermärchen 218

JAMES KRÜSS
  Das Oster-Abc 219

Verzeichnis der Autoren, Texte und
  Druckvorlagen 221

Nachwort
Ursprung und Wandel österlicher
  Festgestaltung 237

Jesu Auferstehung

Als aber der Sabbat vorüber war und der erste Tag der Woche anbrach, kamen Maria von Magdala und die andere Maria, um nach dem Grab zu sehen. Und siehe, es geschah ein großes Erdbeben. Denn der Engel des Herrn kam vom Himmel herab, trat hinzu und wälzte den Stein weg und setzte sich darauf. Seine Gestalt war wie der Blitz und sein Gewand weiß wie der Schnee. Die Wachen aber erschraken aus Furcht vor ihm und wurden, als wären sie tot.

Aber der Engel sprach zu den Frauen: Fürchtet euch nicht! Ich weiß, daß ihr Jesus, den Gekreuzigten, sucht.

Er ist nicht hier; er ist auferstanden, wie er gesagt hat. Kommt her und seht die Stätte, wo er gelegen hat;

und geht eilends hin und sagt seinen Jüngern, daß er auferstanden ist von den Toten. Und siehe, er wird vor euch hingehen nach Galiläa; dort werdet ihr ihn sehen. Siehe, ich habe es euch gesagt.

Und sie gingen eilends weg vom Grab mit Furcht und großer Freude und liefen, um es seinen Jüngern zu verkündigen.

Und siehe, da begegnete ihnen Jesus und sprach: Seid gegrüßt! Und sie traten zu ihm und umfaßten seine Füße und fielen vor ihm nieder.

Da sprach Jesus zu ihnen: Fürchtet euch nicht! Geht hin und verkündigt es meinen Brüdern, daß sie nach Galiläa gehen: dort werden sie mich sehen.

Jesu Auferstehung

Aber am ersten Tag der Woche sehr früh kamen sie zum Grab und trugen bei sich die wohlriechenden Öle, die sie bereitet hatten. Sie fanden aber den Stein weggewälzt von dem Grab und gingen hinein und fanden den Leib des Herrn Jesus nicht.

Und als sie darüber bekümmert waren, siehe, da traten zu ihnen zwei Männer mit glänzenden Kleidern.

Sie aber erschraken und neigten ihr Angesicht zur Erde. Da sprachen die zu ihnen: Was sucht ihr den Lebenden bei den Toten?

Er ist nicht hier, er ist auferstanden. Gedenkt daran, wie er euch gesagt hat, als er noch in Galiläa war:

Der Menschensohn muß überantwortet werden in die Hände der Sünder und gekreuzigt werden und am dritten Tage auferstehen.

Und sie gedachten an seine Worte.

Und sie gingen wieder weg vom Grab und verkündigten das alles den elf Jüngern und den andern allen.

Es waren aber Maria von Magdala und Johanna und Maria, des Jakobus Mutter, und die andern mit ihnen; die sagten das den Aposteln.

Und es erschienen ihnen diese Worte, als wär's Geschwätz, und sie glaubten ihnen nicht.

Petrus aber stand auf und lief zum Grab und bückte sich hinein und sah nur die Leinentücher und ging davon und wunderte sich über das, was geschehen war.

Die Emmausjünger

Und siehe, zwei von ihnen gingen an demselben Tage in ein Dorf, das war von Jerusalem etwa zwei Wegstunden entfernt; dessen Name ist Emmaus.

Und sie redeten miteinander von allen diesen Geschichten.

Und es geschah, als sie so redeten und sich miteinander besprachen, da nahte sich Jesus selbst und ging mit ihnen.

Aber ihre Augen wurden gehalten, daß sie ihn nicht erkannten.

Er sprach aber zu ihnen: Was sind das für Dinge, die ihr miteinander verhandelt unterwegs? Da blieben sie traurig stehen.

Und der eine, mit Namen Kleopas, antwortete und sprach zu ihm: Bist du der einzige unter den Fremden in Jerusalem, der nicht weiß, was in diesen Tagen dort geschehen ist?

Und er sprach zu ihnen: Was denn? Sie aber sprachen zu ihm: Das mit Jesus von Nazareth, der ein Prophet war, mächtig in Taten und Worten vor Gott und allem Volk;

wie ihn unsre Hohenpriester und Oberen zur Todesstrafe überantwortet und gekreuzigt haben.

Wir aber hofften, er sei es, der Israel erlösen werde. Und über das alles ist heute der dritte Tag, daß dies geschehen ist.

Auch haben uns erschreckt einige Frauen aus unserer Mitte, die sind früh bei dem Grab gewesen,

haben seinen Leib nicht gefunden, kommen und sagen, sie haben eine Erscheinung von Engeln gesehen, die sagen, er lebe.

Und einige von uns gingen hin zum Grab und fanden's so, wie die Frauen sagten; aber ihn sahen sie nicht.

Und er sprach zu ihnen: O ihr Toren, zu trägen Herzens, all dem zu glauben, was die Propheten geredet haben!

Mußte nicht Christus dies erleiden und in seine Herrlichkeit eingehen?

Und er fing an bei Mose und allen Propheten und legte ihnen aus, was in der ganzen Schrift von ihm gesagt war.

Und sie kamen nahe an das Dorf, wo sie hingingen. Und er stellte sich, als wollte er weitergehen.

Und sie nötigten ihn und sprachen: Bleibe bei uns; denn es will Abend werden, und der Tag hat sich geneigt. Und er ging hinein, bei ihnen zu bleiben.

Und es geschah, als er mit ihnen zu Tisch saß, nahm er das Brot, dankte, brach's und gab's ihnen.

Da wurden ihre Augen geöffnet, und sie erkannten ihn. Und er verschwand vor ihnen.

Und sie sprachen untereinander: Brannte nicht unser Herz in uns, als er mit uns redete auf dem Wege und uns die Schrift öffnete?

Und sie standen auf zu derselben Stunde, kehrten zurück nach Jerusalem und fanden die Elf versammelt und die bei ihnen waren;

die sprachen: Der Herr ist wahrhaftig auferstanden und Simon erschienen.

Und sie erzählten ihnen, was auf dem Wege geschehen war und wie er von ihnen erkannt wurde, als er das Brot brach.

* * *

Karwoche

O Woche, Zeugin heiliger Beschwerde!
Du stimmst so ernst zu dieser Frühlingswonne,
Du breitest im verjüngten Strahl der Sonne
Des Kreuzes Schatten auf die lichte Erde,

Und senkest schweigend deine Flöre nieder;
Der Frühling darf indessen immer keimen,
Das Veilchen duftet unter Blütenbäumen
Und alle Vöglein singen Jubellieder.

O schweigt, ihr Vöglein auf den grünen Auen!
Es hallen rings die dumpfen Glockenklänge,
Die Engel singen leise Grabgesänge;
O still, ihr Vöglein hoch im Himmelblauen!

Ihr Veilchen, kränzt heut keine Lockenhaare!
Euch pflückt mein frommes Kind zum dunklen
                                    Strauße,
Ihr wandert mit zum Muttergotteshause,
Da sollt ihr welken auf des Herrn Altare.

Ach dort, von Trauermelodien trunken,
Und süß betäubt von schweren Weihrauchdüften,
Sucht sie den Bräutigam in Todesgrüften,
Und Lieb und Frühling, alles ist versunken!

Der Student

Anfangs war es schönes Wetter und windstill. Die Drosseln sangen, und in den nahen Sümpfen gab etwas Lebendiges einen so kläglichen Ton von sich, als blase jemand in eine leere Flasche. Eine Waldschnepfe strich vorüber, und der sie verfolgende Schuß krachte fröhlich donnernd in der Frühlingsluft. Doch als es im Wald dunkel geworden war, begann von Osten her unverhofft ein kalter, schneidender Wind zu wehen, und alles verstummte. Die Wasserlachen überzogen sich mit Eisnadeln, und im Wald wurde es ungemütlich, öd und leer. Es roch nach Winter.

Iwan Welikopolski, Student der Geistlichen Akademie und Sohn eines Küsters, der sich auf dem Heimweg vom Schnepfenstrich befand, folgte die ganze Zeit einem Pfad, der durch eine überschwemmte Wiese führte. Seine Finger begannen steif zu werden, und sein Gesicht brannte immer stärker im Wind. Es schien ihm, als habe diese plötzlich einbrechende Kälte in allem die Ordnung und die Harmonie gestört, als sei es der Natur selbst bang zumute und als habe sich deshalb das Abenddunkel schneller als sonst verdichtet. Ringsum war es wüst und ungewöhnlich finster. Nur in den Witwengärten am Fluß leuchtete ein Licht; sonst aber versank alles weit und breit und auch die Gegend, wo das ungefähr vier Werst entfernte Dorf lag, im kalten Abendnebel. Der Student erinnerte sich, daß, als er das Haus verließ, seine Mutter barfuß im Flur gesessen und mit dem Reinigen des Samowars beschäftigt war und daß sein Vater hustend auf der Ofenbank gelegen hatte; weil Karfreitag war, wurde zu Hause nichts gekocht, und der Hunger quälte einen. Und jetzt, die Schultern eingezogen vor Kälte, mußte der Student daran denken, daß genau der gleiche Wind schon zur Zeit Rjuriks, zur Zeit Iwans des Schrecklichen und zur Zeit Peters des Großen geweht und daß unter jedem von ihnen genau die gleiche bittere Armut und der gleiche Hunger geherrscht hatten; die löcherigen Strohdächer, die Unwissenheit und Trübsal, dieselbe Wüstenei ringsum, die Finsternis und das Gefühl der Unterdrückung – all diese Schrecken gab es, gibt es und wird es immer geben, und davon, daß noch einmal tausend Jahre vorübergehen, wird das Leben nicht besser werden. Und er wollte nicht mehr nach Hause.

Die Witwengärten hießen deshalb so, weil sie von zwei Witwen, Mutter und Tochter, bebaut wurden. Ein Holzstoß brannte lichterloh und beleuchtete knisternd weit in der Runde das gepflügte Land. Neben ihm stand die Witwe Wassilissa, eine hochgewachsene beleibte Alte in einer Männerpelzjacke, und starrte gedankenverloren ins Feuer; ihre Tochter Lukerja, klein, pockennarbig und mit einem dümmlichen Gesichtsausdruck, saß auf der Erde und wusch einen Kessel und Löffel. Augenscheinlich hatten sie gerade eben ihr Abendbrot beendet. Männerstimmen wurden hörbar; das waren hiesige Arbeiter, die am Fluß die Pferde tränkten.

»Da ist nun wieder der Winter zurückgekehrt«, sagte, an das Feuer herantretend, der Student. »Guten Abend.«

Wassilissa schrak zusammen, erkannte ihn aber gleich und lächelte freundlich.

»Hab dich gar nicht erkannt, Gott mit dir«, sagte sie. »Wird dir Reichtum bringen.«

Sie plauderten. Wassilissa, eine erfahrene Frau, die einmal bei Herrschaften als Amme, danach als Kindermädchen gedient hatte, drückte sich kultiviert aus, und die ganze Zeit über wich ein sanftes, würdevolles Lächeln nicht von ihrem Gesicht; ihre Tochter Lukerja hingegen, ein Bauernweib, abgestumpft unter der Kuratel ihres Mannes, schaute nur blinzelnd auf den Studenten und schwieg, und dabei hatte ihr Gesichtsausdruck etwas Eigentümliches, wie bei einer Taubstummen.

»Genauso hat sich in einer kalten Nacht an einem Feuer der Apostel Petrus gewärmt«, sagte der Student, während er seine Hände den Flammen entgegenstreckte. »Auch damals also war es kalt. Ach, was war das für eine schreckliche Nacht, Mütterchen! Eine unbeschreiblich trostlose, nicht enden wollende Nacht!«

Er blickte um sich in die Abenddämmerung, zuckte krampfhaft mit dem Kopf und fragte:

»Warst heute vielleicht zu den zwölf Evangelien?«

»Ja«, antwortete Wassilissa.

»Du erinnerst dich doch: Beim Heiligen Abendmahl sagte Petrus zu Jesus: ›Herr, ich bin bereit, mit dir ins Gefängnis und in den Tod zu gehen.‹ Der Herr aber antwortete ihm: ›Petrus, ich sage dir: Der Hahn wird heute nicht krähen, ehe denn du dreimal verleugnet hast, daß du mich kennst.‹ Nach dem Abendmahl war Jesus im Garten betrübt bis auf den Tod, und er betete, der arme Petrus aber ermattete in seiner Seele, er wurde schwach, seine Augenlider wurden schwer, und er konnte sich des Schlafs nicht mehr erwehren. Er schlief. Dann gab, wie du gehört hast, Judas in derselben Nacht Jesus den Kuß und verriet ihn an seine Peiniger. Sie führten ihn gebunden zum Hohenpriester, und sie schlugen ihn, Petrus aber, völlig erschöpft, gequält von Unruhe und Gram, und unausgeschlafen, verstehst du, spürte, daß auf der Erde jeden Augenblick etwas Furchtbares geschehen würde, und er folgte ihnen ... Er liebte Jesus leidenschaftlich und voll Hingabe, und jetzt sah er von weitem, wie sie ihn schlugen ...«

Lukerja ließ die Löffel sein und fixierte den Studenten.

»Sie kamen zum Hohenpriester«, fuhr er fort, »und begannen Jesus zu verhören, und die Arbeiter machten unterdessen im Hof ein Feuer, denn es war kalt, und sie wärmten sich. Unter ihnen stand Petrus am Feuer und wärmte sich auch, geradeso wie ich jetzt. Eine Frau, die ihn erblickt hatte, sagte: ›Dieser war auch mit ihm‹, was heißen sollte: Auch ihn muß man zum Verhör führen. Und die Arbeiter, die sich am Feuer befanden, mußten ihn wohl alle argwöhnisch und böse angesehen haben, denn er geriet in Verwirrung und sagte: ›Ich kenne ihn nicht.‹ Kurze Zeit später erkannte wieder jemand in ihm einen Jünger Jesu und sagte: ›Du bist auch deren einer.‹ Aber er leugnete abermals. Und zum dritten Mal wandte sich jemand an ihn: ›Sah ich dich nicht im Garten bei ihm?‹ Und er leugnete zum dritten Mal. Und gleich darauf krähte der Hahn, und Petrus, da er aus der Ferne auf Jesus schaute, erinnerte sich der Worte, die jener beim Abendmahl zu ihm gesagt hatte ... Er erinnerte sich, kam zu sich, ging vom Hof und weinte bitter, sehr bitter. Im Evangelium heißt es: ›Und Petrus ging hinaus und weinte bitterlich.‹ Ich kann es mir gut vorstellen: Ein ganz stiller, ganz dunkler Garten, und in der Stille, kaum hörbar, unterdrücktes Schluchzen ...«

Der Student seufzte und begann zu grübeln. Wassilissa, die nicht aufgehört hatte zu lächeln, schluchzte plötzlich, große Tränen liefen ihr in Strömen über die

Wangen, und, als schäme sie sich dessen, verhüllte sie mit dem Ärmel vor dem Feuerschein ihr Gesicht; Lukerja aber, die den Studenten unverwandt ansah, wurde rot, und ihre Miene bekam etwas Schweres, Gepreßtes, wie bei einem Menschen, der einen starken Schmerz unterdrückt.

Die Arbeiter kehrten vom Fluß zurück, und einer von ihnen war reitend schon nahe herangekommen, und der Feuerschein zitterte auf ihm. Der Student wünschte den Witwen eine gute Nacht und ging weiter. Und wieder wurde es finster, und die Hände begannen zu frieren. Es wehte ein scharfer Wind, der Winter kehrte tatsächlich zurück, und es war kaum zu glauben, daß übermorgen Ostern sein sollte.

Der Student dachte nun an Wassilissa: Wenn sie zu weinen begonnen hatte, so mußte doch all das, was sich in jener schrecklichen Nacht mit Petrus ereignet hatte, eine Beziehung zu ihr haben ...

Er sah sich um. Ruhig flammte in der Dunkelheit das einsame Feuer, und die Menschen neben ihm waren schon nicht mehr zu erkennen. Der Student dachte wieder daran, daß, wenn Wassilissa in Weinen ausgebrochen und ihre Tochter betroffen war, seine Erzählung von vorhin über das, was vor neunzehn Jahrhunderten geschehen war, offensichtlich in einem Bezug zur Gegenwart stehen mußte – zu den beiden Frauen und wohl auch zu diesem wüsten Land, zu ihm selber, zu allen Menschen. Wenn die alte Frau geweint hatte, dann nicht, weil er es verstanden hatte, ergreifend zu erzählen, sondern deshalb, weil Petrus ihr nahe war und weil sie sich mit ihrem ganzen Wesen in das hineinversetzt hatte, was in Petri Seele vor sich gegangen war.

Und plötzlich regte sich Freude in seinem Herzen,

und er mußte für einen Augenblick stehenbleiben, um Luft zu holen. »Die Vergangenheit«, so überlegte er, »ist mit der Gegenwart durch eine ununterbrochene Kette von Ereignissen verbunden, von denen eins aus dem anderen hervorgeht.« Und er hatte das Gefühl, als habe er gerade vorhin die beiden Endglieder dieser Kette geschaut: Er hatte den Anfang berührt, da erbebte das Ende.

Und als er auf der Fähre den Fluß überquerte und nachher, als er den Berg hinaufstieg und auf sein heimatliches Land sah und gegen Westen, wo als schmaler Streifen das purpurne Abendrot leuchtete, da dachte er daran, daß die Wahrheit und die Schönheit, die das menschliche Leben dort, im Garten und im Hof des Hohenpriesters gelenkt hatten, ununterbrochen bis zu diesem Tag währten und, allem Anschein nach, immer das Wesentliche im menschlichen Leben und überhaupt auf der Erde darstellten; und das Gefühl von Jugend, Gesundheit, Kraft – er war erst zweiundzwanzig Jahre alt – und eine unaussprechlich süße Glückserwartung, die Erwartung eines unbekannten, verborgenen Glücks, überwältigte ihn allmählich, und das Leben erschien ihm zauberhaft, wunderbar und voll eines hohen Sinnes.

PAUL GERHARDT

An das Angesicht des HErrn JEsu

1. O Haupt voll Blut und Wunden,
   Voll Schmerz und voller Hohn!
   O Haupt, zum Spott gebunden
   Mit einer Dornenkron!
   O Haupt, sonst schön gezieret
   Mit höchster Ehr und Zier,
   Itzt aber höchst schimpfieret,
   Gegrüßet seist du mir!

2. Du edles Angesichte,
   Dafür sonst schrickt und scheut
   Das große Weltgewichte,
   Wie bist du so bespeit?
   Wie bist du so erbleichet?
   Wer hat dein Augenlicht,
   Dem sonst kein Licht nicht gleichet,
   So schändlich zugericht'?

3. Die Farbe deiner Wangen,
   Der roten Lippen Pracht
   Ist hin und ganz vergangen;
   Des blassen Todes Macht
   Hat alles hingenommen,
   Hat alles hingerafft,
   Und daher bist du kommen
   Von deines Leibes Kraft.

4. Nun was du, HErr, erduldet,
   Ist alles meine Last;
   Ich hab es selbst verschuldet,
   Was du getragen hast.
   Schau her, hier steh ich Armer,
   Der Zorn verdienet hat,
   Gib mir, o mein Erbarmer,
   Den Anblick deiner Gnad.

5. Erkenne mich, mein Hüter,
   Mein Hirte, nimm mich an,
   Von dir, Quell aller Güter,
   Ist mir viel Guts getan:
   Dein Mund hat mich gelabet
   Mit Milch und süßer Kost,
   Dein Geist hat mich begabet
   Mit mancher Himmelslust.

6. Ich will hier bei dir stehen,
   Verachte mich doch nicht!
   Von dir will ich nicht gehen,
   Wann dir dein Herze bricht.
   Wann dein Haupt wird erblassen
   Im letzten Todesstoß,
   Alsdann will ich dich fassen
   In meinem Arm und Schoß.

7. Es dient zu meinen Freuden,
   Und kömmt mir herzlich wohl,
   Wann ich in deinem Leiden,
   Mein Heil, mich finden soll!

Ach möcht ich, o mein Leben,
An deinem Kreuze hier
Mein Leben von mir geben,
Wie wohl geschähe mir!

8. Ich danke dir von Herzen,
O JEsu, liebster Freund,
Für deines Todes Schmerzen,
Da du's so gut gemeint.
Ach gib, daß ich mich halte
Zu dir und deiner Treu,
Und wann ich nun erkalte,
In dir mein Ende sei.

9. Wann ich einmal soll scheiden,
So scheide nicht von mir!
Wann ich den Tod soll leiden,
So tritt du dann herfür:
Wann mir am allerbängsten
Wird um das Herze sein,
So reiß mich aus den Ängsten
Kraft deiner Angst und Pein.

10. Erscheine mir zum Schilde,
Zum Trost in meinem Tod,
Und laß mich sehn dein Bilde
In deiner Kreuzesnot.
Da will ich nach dir blicken,
Da will ich Glaubens voll
Dich fest an mein Herz drücken.
Wer so stirbt, der stirbt wohl.

GUSTAVO ADOLFO BÉCQUER

Das Miserere

(Geistliche Legende)

Ein paar Monate ist es her, daß ich die berühmte Abtei in Fitero besuchte und beim Stöbern in der verwahrlosten Bibliothek, wie ich diese und jene Schwarte wälzte, irgendwo in der Ecke zwei oder drei verstaubte, ziemlich alte Notenhefte entdeckte, an denen schon die Mäuse genagt hatten.

Es war ein *Miserere*.

Ich verstehe nichts von Musik; aber mein Hang zu ihr ist so stark, daß ich, trotz aller Unkenntnis, manchmal nach einer Opernpartitur greife und stundenlang darin blättere, die Gruppierung der mehr oder minder dicht gedrängten Noten betrachte, die Linien, Halbkreise, Dreiecke und jene Schnörkel (ähnlich dem Krämer-Und), die man Schlüssel nennt. Und ich tue dies alles, ohne auch nur ein Jota zu begreifen, ohne den geringsten Nutzen daraus zu ziehen.

Getreu meiner närrischen Gewohnheit, sah ich auch diese Hefte durch; und das erste, was meine Aufmerksamkeit erregte, war das Faktum, daß – obwohl auf der letzten Seite das übliche lateinische Wort stand: *Finis* – dieses *Miserere* offenkundig unvollendet war; denn die Vertonung ging nur bis zum zehnten Vers.

Dies war es zweifellos, was zuallererst meine Aufmerksamkeit erregte; doch als ich mir dann die Notenblätter ein wenig genauer ansah, verblüffte mich noch mehr die Feststellung, daß statt der gängigen italienischen Bezeichnungen (wie *maestoso*, *allegro*, *ritardando*, *più vivo*, *a piacere*) in winziger Handschrift und in deutscher Sprache ein paar Zeilen hineingekritzelt waren, die zum Teil höchst schwierige, kaum zu erfüllende Forderungen stellten. Zum Beispiel: »Es krachen . . . , krachen die Knochen, und wie aus dem Knochenmark sollen die Schmerzensschreie kommen.« Oder: »Die Saiteninstrumente heulen auf, ohne Mißton; das Blech schmettert wie Donnerschlag, doch nicht ohrenbetäubend; so ertönt alles, und nichts wird verwischt, und alles ist Die Menschheit, die schluchzt und wimmert.« Schließlich, unter dem letzten Vers, fand sich die originellste all dieser Anmerkungen; sie erteilte die Weisung: »Die Töne sind Knochen, von blühendem Fleisch umhüllt; feuriger, unauslöschlicher Glanz, die Himmel und ihre Harmonie . . . , Kraft! . . . , Kraft und Lieblichkeit.«

»Wißt Ihr, was das hier ist?« fragte ich, nachdem ich diese Zeilen entziffert und mir den Sinn dieser Sätze, die sich wie das Gestammel eines Irren ausnahmen, halbwegs übersetzt hatte, einen taperigen Alten, der mich durch die Klosterbauten geleitete.

Und der Greis erzählte mir daraufhin die Legende, die ich euch nun wiedergebe.

I

Vor vielen Jahren, in einer finsteren Regennacht, kam ein Pilger ans Klostertor dieser Abtei und bat um ein bißchen Feuerholz, seine Kleider zu trocknen, um ein Stückchen Brot, seinen Hunger zu stillen, und um irgendeine Bleibe, wo er den Morgen erwarten könnte, um dann, sobald die Sonne wieder scheinen würde, weiter seines Wegs zu ziehen.

Den eigenen bescheidenen Abendimbiß, die eigene dürftige Lagerstatt und das Feuerchen, das er sich selber angezündet hatte, überließ der angesprochene Bruder dem Wandersmann, und nachdem sich der Fremde von seiner Erschöpfung erholt hatte, fragte der Pförtner ihn nach dem Zweck seiner Pilgerschaft, nach dem Ziel seiner Fußreise.

»Ich bin Musiker«, antwortete der Befragte. »In einem fernen, fernen Land wurde ich geboren, und in meiner Heimat war ich einst ein gefeierter, hochberühmter Mann. In meiner Jugend machte ich aus meiner Kunst eine Waffe von verführerischer Macht und entfachte mit ihr Leidenschaften, die mich zu einem Verbrechen hinrissen. Jetzt, in meinem Alter, will ich die Fähigkeiten, die ich für Böses eingesetzt habe, in etwas Gutes verwandeln und mit demselben Vermögen, das ich zu meinem Verderben gebrauchte, nach meiner Erlösung streben.«

Da die Worte des Unbekannten dem Laienbruder etwas undurchsichtig schienen und ihr rätselhaftes Dunkel seine Neugier weckte, die ihn dazu anstachelte, weitere Fragen zu stellen, fuhr der Fremde fort:

»Tief in meinem Herzen weinte ich über die Untat, die ich begangen hatte; aber wenn ich Gott anflehen wollte, sich meiner zu erbarmen, fand ich nie die rechten Worte, meine Reue auszudrücken – und da, eines Tages, fiel mein Blick zufällig auf eine Bibel. Ich schlug sie auf und gewahrte, auf irgendeiner Seite, einen ungeheuren Aufschrei wahrhaftiger Zerknirschung, einen Psalm Davids, den, der beginnt: *Miserere mei, Deus!* Seit dem Augenblick, da ich diese Strophen las, ist mein Denken nur noch auf eines gerichtet: eine musikalische Form zu finden, so großartig, so hochverfeinert, daß sie imstande wäre, den grandiosen Schmerzenshymnus des königlichen Propheten aufzunehmen. Noch habe ich sie nicht gefunden; aber wenn es mir gelingen sollte, das auszudrücken, was ich in meinem Herzen fühle, was ich verworren in meinem Kopfe höre, dann werde ich – dessen bin ich gewiß – ein *Miserere* schaffen, ein solch wunderbar überwältigendes *Miserere*, wie noch kein Menschenkind jemals eines gehört hat; so ergreifend, so herzzerreißend, daß die Erzengel schon beim ersten Akkord, Tränen in den Augen, sich an den Herrn wenden und mit mir sagen werden: *Misericordia!* – und der Herr sich seines armen Geschöpfes erbarmt.«

Als der Pilger seine Geschichte soweit erzählt hatte, schwieg er ein Weilchen; dann stieß er einen Seufzer aus und nahm den Faden seiner Rede wieder auf. Der Laienbruder, einige Bedienstete der Abtei und zwei oder drei Hirten von der Meierei der Mönche hockten im Kreis um die Herdstatt herum und lauschten, ohne einen Mucks von sich zu geben.

»Nachdem ich nun«, sagte der Fremde, »schon ganz Deutschland durchwandert habe, ganz Italien und den größten Teil eures Landes, das so reich ist an geistlicher Musik von höchstem Range, habe ich noch immer kein *Miserere* gehört, von dem ich mich inspirieren lassen könnte, nicht eines, nicht ein einziges, obwohl ich doch schon so viele gehört habe, daß ich behaupten kann, ich hätte alle gehört.«

»Alle?« sagte da, ihm ins Wort fallend, einer der Schäfer. »Wetten, daß Ihr noch nicht das *Miserere der Berge* gehört habt?«

»Das *Miserere der Berge*!« rief der Musiker erstaunt. »Was für ein *Miserere* ist denn das?«

»Habe ich's nicht gesagt!« murmelte der Landmann

und fügte dann in geheimnisvollem Ton hinzu: »Dieses *Miserere* – das nur Leute meines Schlages gelegentlich zu hören kriegen, Leute, die bei Tag und Nacht hinter den Viechern herlaufen, durch Gefels und Gesträuch – ist eine Geschichte für sich, eine uralte Geschichte, und doch wahr, so unwahrscheinlich sie auch klingen mag. Die Sache ist die: Hoch droben in der unwirtlichsten Wildnis dieser Gebirgskette, die das Tal, in dem sich unsere Abtei befindet, gegen den Himmel abriegelt, stand vor vielen Jahren – ach, was quatsch' ich da von Jahren! –, vor vielen Jahrhunderten stand dort droben ein berühmtes Kloster, ein Kloster, das scheint's ein adeliger Herr gestiftet hatte, auf Kosten des Stammgutes, das für seinen Sohn bestimmt war; denn diesen hatte er noch auf dem Sterbebett enterbt, zur Strafe für seine Schandtaten. Soweit war alles schön und gut; aber die Sache ist die: Dieser Sohn, der nach allem was sich im weiteren Verlauf der Geschichte noch zeigt, ein Satanskerl gewesen sein muß, falls er nicht gar der Teufel in Person war, scharte, sobald er erfuhr, daß sein Vermögen nun im Besitz der Mönche war und seine Burg sich in eine Kirche verwandelt hatte, etliche Banditen um sich, Spießgesellen seines Luderlebens, dem er sich nach Abkehr vom Elternhaus verschrieben hatte; und eines Nachts, in der Nacht auf Gründonnerstag, als die Mönche sich im Chor befanden und gerade das *Miserere* anstimmen wollten oder schon angestimmt hatten, steckten die Schurken das Kloster in Brand, plünderten die Kirche, metzelten blindlings nieder, was ihnen in die Quere kam, und ließen angeblich nicht einen einzigen Ordensmann am Leben. Nach diesem greulichen Frevel verzogen sich die Banditen samt ihrem Rädelsführer – wohin, weiß kein Mensch; vielleicht schnurstracks in die Hölle. Das lichterloh brennende Kloster sank in Schutt und Asche; von der Kirche blieb nur leeres Gemäuer stehen. Noch heute sieht man die Trümmer auf der Felsenkuppe, über der Quellhöhle des Wasserfalls, der von Klippe zu Klippe talwärts tost und dann das Flüßlein bildet, das hier an den Mauern des Klosters vorüberrauscht.«

»Aber«, unterbrach der Musiker ihn ungeduldig, »das *Miserere* – was ist mit dem?«

»Nur Geduld«, sagte der Schäfer mit gespielter Behäbigkeit, »eins nach dem andern, immer schön der Reihe nach!«

Dann erzählte er weiter:

»Die Leute aus der Umgebung waren entsetzt und empört über das Verbrechen. Schaudernd haben an den langen Winterabenden die Eltern ihren Kindern davon berichtet, und die Kinder den Enkeln; was aber vor allem die Erinnerung daran wachhält, ist die Tatsache, daß man alljährlich in der Nacht, da einst das Kloster in Flammen aufging, Lichter durch die zerbrochenen Fenster der Kirche schimmern sieht; man hört etwas, das klingt wie eine seltsame Musik, wie schaurig düstere Gesänge, die ab und zu der Wind in Fetzen herübertreibt. Es sind die Mönche, die unvorbereitet starben, vielleicht mit Sünden behaftet vor den Richterstuhl Gottes treten müßten und nun noch immer aus dem Fegefeuer herkommen, um das *Miserere* zu singen und so seine Barmherzigkeit zu erflehen.«

Die Zuhörer blickten einander an, mit ungläubigen Mienen; nur der Pilger, den die Geschichte heftig zu beschäftigen schien, fragte erregt den Mann, der sie erzählt hatte:

»Und Ihr sagt, daß dieses Wunder sich alljährlich wiederholt, bis zum heutigen Tag?«

»Binnen drei Stunden fängt es wieder an, ohne allen Zweifel; denn gerade heute ist ja wieder die Nacht auf Gründonnerstag, und eben hat die Uhr der Abtei acht geschlagen.«

»Wie weit ist es bis zu dem Kloster dort?«

»Knapp anderthalb Meilen ... Aber was habt Ihr vor? Wohin wollt Ihr in solch einer Nacht?«

»Ihr seid von allen guten Geistern verlassen!« riefen alle, als sie sahen, daß der Pilger sich von der Bank erhob, nach seinem Stab griff und dem Kaminfeuer den Rücken kehrte, um zur Tür zu gehen.

»Wohin ich will? Ich will diese wunderbare Musik hören, das große, das wahre *Miserere*, das *Miserere* derer, die als Gestorbene zur Welt zurückkehren, wissend, was es heißt, in Sünde sterben.«

Und mit diesen Worten entschwand er den Augen des entsetzten Laienbruders und der nicht minder bestürzten Hirten.

Der Wind brauste und rüttelte an den Türen, als ob eine Riesenhand sich mit aller Macht bemühte, sie aus den Angeln zu reißen; es goß in Strömen, prasselnd schlug der Regen gegen die Scheiben, und ab und zu erhellte das zuckende Licht eines Blitzes für einen Augenblick den ganzen Horizont, soweit dieser durchs Fenster zu sehen war.

Nach dem ersten Moment fassungslosen Erstaunens sagte der Bruder Pförtner:

»Der ist verrückt!«

»Der ist verrückt!« echoten die Hirten, stocherten in der Glut, daß das Feuer wieder aufflackerte, und rückten dicht zusammen, rings um die Herdstatt.

II

Nach einem Marsch von ein oder zwei Stunden gelangte der seltsame Mensch, den die Leute in der Abtei für verrückt erklärten, immer flußauf dem Wildwasser folgend, das der erzählfreudige Schäfer erwähnt hatte, zu der Stelle, wo schwarz und imposant die Ruinen des Klosters emporragten.

Der Regen hatte aufgehört; die Wolken trieben dahin in düsteren Schwärmen, durch deren zerschlissene Bahnen manchmal verstohlen ein Strahl fahlen, zweifelhaften Lichtes herabbrann; und wenn der Wind die mächtigen Stützpfeiler rammte und durch die veröderten Kreuzgänge raste, klang es, als stieße er wieder und wieder ein Stöhnen aus. Dennoch: nichts Übernatürliches, nichts Außergewöhnliches stachelte die Phantasie. Demjenigen, der schon mehr als eine Nacht unterm kargen Obdach eines halbverfallenen Turmes oder einer verlassenen Burg verbracht und auf seiner langen Pilgerfahrt hundert und aberhundert Unwettern die Stirn geboten hatte, waren all diese Geräusche wohlvertraut.

Die Wassertropfen, die durch die Risse der geborstenen Gewölbebogen sickerten und platschend auf die Bodenplatten fielen, platzend in immer gleichem Takt, regelmäßig wie der Pendelschlag einer Uhr; die Rufe des Uhus, der geduckt unterm steinernen Heiligenschein einer noch stehenden Statue hockte und die Höhlung der Mauernische mit dem Hall des Unheils erfüllte; das Geraschel von Reptilien, die aufgeschreckt, vom Sturm aus ihrer Trägheit gerissen, unförmige Köpfe aus den Schlupflöchern streckten, in denen sie gedöst hatten, oder herumkrochen zwischen den Mauer-Rauken und

Brombeerranken, welche zu Füßen des Altars wucherten, aus den Ritzen zwischen den Grabplatten, die den Bodenbelag der Kirche bildeten – all dieses seltsame, geheimnisvolle Rumoren der Natur, der Einsamkeit und der Nacht drang vernehmlich ans Ohr des Pilgers, der sich auf die verstümmelte Gestalt einer Totenskulptur gesetzt hatte und begierig die Stunde erwartete, in der das Wunder sich ereignen sollte.

Zeit verstrich und verstrich, und nichts war zu bemerken: jene tausend verworrenen Geräusche ertönten immerfort, verflochten sich wechselnd auf tausenderlei Weisen und waren doch immer die gleichen.

›Ob man mich wohl zum Narren gehalten hat?‹ dachte der Musiker; doch in diesem Augenblick war ein neues Geräusch zu hören, das unerklärlich schien an diesem Ort, ein Geräusch, wie es eine Uhr wenige Sekunden vor dem Stundenschlag von sich gibt: ein Rasseln von rollenden Rädern, von Ketten, die sich straffen, von einer Maschinerie, die sich anschickt, ihre rätselhafte mechanische Lebenskraft in Tätigkeit umzusetzen, und es erklang ein Glockenschlag . . . , zwei . . . , drei . . . , bis elf.

In dem zerstörten Gotteshaus gab es keine Glocke; da war keine Uhr, nicht einmal ein Turm.

Noch war der letzte Glockenschlag, schwächer werdend von Widerhall zu Widerhall, nicht völlig verklungen; noch konnte man seine Schwingungen in der zitternden Luft verspüren, als allmählich die granitenen Thronhimmel, welche die Statuen beschirmten, die Marmorstufen der Altäre, das Quaderwerk der Spitzbogen, die durchbrochenen Brüstungen des Chores, die Kleeblattgirlanden am Kranzgesims, die schwarzen Mauerpfeiler, der Fußboden, die Gewölbe von selbst zu leuchten begannen, ohne daß eine Fackel, eine Kerze oder eine Lampe zu sehen war, von der diese ungewöhnliche Helligkeit hätte ausgehen können.

Die ganze Kirche wirkte wie ein Skelett, aus dessen gelben Gebeinen phosphorige Gase strömen, ein Brodem, der schwelend schimmert in der Dunkelheit als ein bläulich waberndes, furchterregendes Licht.

Alles schien sich zu beleben, aber mit Bewegungen, die an einen galvanischen Schock denken ließen, an die krampfhaften, dem Tode abgenötigten Zuckungen, die das Leben karikieren; alles wurde erfaßt von Sekundenregungen, die noch entsetzlicher waren als die Starrheit des Leichnams, der plötzlich sich regt, bewegt von unbekannten Kräften. Steine fügten sich mit Steinen zusammen; der Opfertisch, dessen zertrümmerte Bestandteile zuvor in wüstem Durcheinander heumgelegen hatten, richtete sich auf und stand makellos da, als ob die Künstlerhand des Steinmetzen daran soeben den letzten Meißelschlag getan hätte; und zur gleichen Zeit wie der Altar erhoben sich die eingestürzten Kapellen, die zerbrochenen Kapitäle und die zerstückten Reihen unzähliger Bogen, die sich mit spielerischer Phantasie überkreuzten und verknüpften und mit ihren Säulen einen unermeßlichen Irrgarten aus Porphyr bildeten.

Kaum war der Tempel wieder erstanden, ließ sich aus der Ferne ein Akkord vernehmen, den man mit dem Brausen des Windes hätte verwechseln können; doch es war der Zusammenklang ferner und ernster Stimmen, ein Chor, der im Schoß der Erde zu singen und ganz allmählich aus der Tiefe heraufzukommen schien, so daß er immer deutlicher zu hören war.

Der verwegene Pilger bekam es mit der Angst zu tun; aber noch widerstritt dieser Angst sein fanatisches Verlangen nach dem Ungewöhnlichen, nach allem Wunderbaren; und ermutigt durch diese Begier, verließ er das Grabmal, auf dem er ausgeruht hatte, und beugte sich über den Rand der Felswand, aus deren Gestein der Wildbach entsprang und mit stetem, schaudererregendem Donnergetöse in die Tiefe stürzte. Und da sträubten sich dem Manne die Haare.

Spärlich umhüllt mit den zerfetzten Resten ihrer Ordensgewänder, bedeckt mit durchlöcherten Kapuzen, unter deren Faltengeschlotter die weißen Zähne entfleischter Kiefer grell kontrastierten mit den dunklen Augenhöhlen ihrer Totenschädel, tauchten die Skelette all der Mönche, die man übers Steingeländer in den Abgrund geworfen hatte, aus den Wassern auf, verkrallten sich mit den langen Fingern ihrer Knochenhände in den Felsspalten, kletterten über die Klippen, bis sie oben die Kante berührten, wobei sie mit gedämpfter Grabesstimme, doch mit dem Ausdruck herzzerreißenden Schmerzes den ersten Vers von Davids Psalm sprachen:

Miserere mei, Deus, secundum magnam misericordiam tuam!

Als die Mönche zum Säulengang der Kirche gelangt waren, stellten sie sich in einer Doppelreihe auf und gingen hinein in das Gotteshaus und knieten nieder im Chor, wo sie – mit erhobener, feierlicher Stimme – die weiteren Verse des Psalmes sangen. Und im Rhythmus ihres Gesanges erscholl eine Musik: diese Musik war das ferne Grollen des Donners, der kollernd davonzog, nachdem das Gewitter vorüber war; sie war das Seufzen des Windes, der in den Höhlungen der Bergwand stöhnte; sie war das monotone Rauschen des Wasserfalls, der über die Felsen stürzte, und das Sickern des einzelnen Wassertropfens, und der Ruf des

Uhus in seinem Schlupf, und das leise Geraschel der ruhlosen Reptilien. All dies war die Musik, und noch etwas, das nicht erklärbar und kaum vorstellbar ist; noch etwas, das wie der Hall einer Orgel wirkte, einer Orgel, welche den gewaltigen Bußhymnus des königlichen Psalmisten Vers für Vers begleitete, mit Tönen, mit Akkorden, die so gewaltig waren wie seine ungeheuren Worte.

Die heilige Handlung dauerte an; der Musiker, der ihr beiwohnte, hingerissen und schreckgelähmt, wähnte sich außerhalb der wirklichen Welt, glaubte, er weile in der phantastischen Region des Traumes, wo alle Dinge ein befremdliches, unheimliches Gesicht zeigen.

Ein fürchterliches Beben riß ihn aus der Benommenheit, die all seine Geisteskräfte niedergehalten hatte. Seine Nerven flatterten, taumelten im tollwütigen Tanz der Erdstöße, seine Zähne klapperten, geschüttelt von einem Zittern, das er nicht unterdrücken konnte, und Eiseskälte durchdrang ihn, bis ins Mark seiner Knochen.

Die Mönche sangen in diesem Augenblick jene schrecklichen Worte des *Miserere*:

In iniquitatibus conceptus sum: et in peccatis concepit me mater mea.

Als dieser Vers erscholl und sein Widerhall dröhnend von Gewölb zu Gewölb geworfen wurde, erhob sich ein gräßliches Geschrei, das wie ein einziger Schmerzensschrei klang, ausgestoßen von der gesamten Menschheit im Angesicht ihrer eigenen Verderbtheit; ein grauenhafter Schrei, in dem alles Jammern des Unglücks, alles Heulen der Verzweiflung, alles Lästern der Gottlosigkeit sich vereinte; ein scheußliches Konzert, triftiger Herzensausdruck derer, die in Sünde leben und gezeugt wurden aus sündigem Samen.

Der Gesang ging weiter, bald todtraurig und tief, bald einem Sonnenstrahl gleich, der das dunkle Gewölk eines Unwetters durchbricht, so daß einem Schreckensblitz ein Blitz aufzückenden Jubels folgte, bis endlich, dank einer jähen Verwandlung, die ganze Kirche erstrahlte, in himmlisches Licht getaucht. Die Gebeine der Mönche umkleideten sich mit dem Fleisch ihrer lebenden Leiber; eine lichte Aureole umschimmerte ihre Stirnen; die Kuppel barst, und durch sie hindurch sah man den Himmel als einen Ozean der Klarheit, aufgetan dem Blick der Gerechten.

Die Seraphim, die Erzengel und die Engel und alle himmlischen Heerscharen begleiteten mit einem frohlockenden Lobgesang den Vers, der nun emporstrudelte zum Thron des Herrn wie ein wonniglicher Wirbelsturm, wie eine riesige Spirale wohlklingenden Weihrauchs:

Auditui meo dabis gaudium et laetitiam: et exultabunt ossa humiliata.

Da blendete die gleißende Helle die Augen des Pilgers, in seinen Schläfen pochte es heftig, es sauste in seinen Ohren, und bewußtlos stürzte er zu Boden, konnte nichts mehr hören.

III

Am nächsten Tag sahen die friedfertigen Mönche der Abtei Fitero, denen der Laienbruder Meldung erstattet hatte von dem seltsamen Besuch in der letzten Nacht, den fremden Pilger durchs Tor hereinkommen: blaß im Gesicht, wie außer sich.

»Habt Ihr endlich das *Miserere* gehört?« fragte ihn, mit leicht ironischer Tönung, der Pförtner, wobei er seinen Oberen einen Blick heimlichen Einverständnisses zuwarf.

»Ja«, antwortete der Musiker.

»Und was haltet Ihr davon?«

»Ich werde es schreiben. Gewährt mir ein Obdach« – sagte er, zum Abt gewandt –, »Obdach und Brot für ein paar Monate, und ich werde euch ein unsterbliches Kunstwerk hinterlassen, ein *Miserere*, das meine Sünden tilgt vor den Augen des Herrn, mir ein ewiges Angedenken sichert und somit auch den Namen dieser Abtei verewigt.«

Aus Neugier rieten die Mönche dem Abt, der Bitte des Fremden zu willfahren. Aus Mitleid gab der Abt, obwohl er den Mann für einen Irren hielt, schließlich seinem Wunsche statt; der Musiker machte sich, sobald er im Kloster sein Quartier hatte, ans Werk.

Tag und Nacht arbeitete er mit nie ermüdendem Eifer. Mitten in seinem rastlosen Tun hielt er manchmal inne, und es schien, als lauschte er auf etwas, das in seiner Phantasie ertönte, und seine Augen weiteten sich, er fuhr auf vom Sitz und rief:

»Das ist's! So, genau so, kein Zweifel . . . , genau so!« Und er schrieb weiter, schrieb seine Noten, mit einer fieberhaft rasenden Geschwindigkeit, die den Mönchen, welche ihn insgeheim beobachteten, oftmals Anlaß zum Staunen und zur Bewunderung gab.

Er komponierte die Eingangsverse, und dann die nächsten, bis hin zur Mitte des Psalms; doch wie er bei den Worten war, die er als letzte im Gebirge droben gehört hatte, kam er nicht mehr weiter.

Er machte einen Entwurf, einen zweiten, machte hundert, zweihundert Entwürfe – alles vergeblich. Seine Musik glich nicht der Musik, die er schon aufgezeichnet hatte; und der Schlaf mied seine Wimpern, der Appetit kam ihm abhanden, das Fieber bemächtigte sich seines Kopfes, und er wurde wahnsinnig und starb schließlich über dem unvollendeten *Miserere*, das die Mönche nach seinem Tode als Absonderlichkeit aufbewahrten im Archiv der Abtei, wo es noch heute vorhanden ist.

*

Als der taperige Alte, der mir diese Geschichte erzählte, damit zu Ende gekommen war, konnte ich nicht anders – ich mußte noch einmal die alte, verstaubte Handschrift betrachten, dieses *Miserere*, das noch immer aufgeschlagen auf einem der Tische lag.

> *In peccatis concepit me mater mea ...*

Diese Worte standen auf der Seite, die ich vor Augen hatte und die mich zu verhöhnen schien, mit ihren Noten, ihren Schlüsseln, ihren Schnörkeln – unverständlich allesamt für einen, der nichts von Musik versteht.

Sie lesen zu können – dafür hätte ich eine Welt hingegeben.

Vielleicht ist es nichts als verrücktes Zeug, wer weiß!

Ostersamstag

Wie die Frauen
Zions wohl dereinst beim matten Grauen
Jenes Trauertags beisammen standen,
Worte nicht mehr, nur noch Tränen fanden;

So noch heute,
Stehen als in ferne Zeit verstreute
Bleiche Zionstöchter, Anemonen,
In des Nordens winterlichen Zonen:

Vom Gewimmel
Dichter Flocken ist er trüb der Himmel;
Traurig stehen sie die Köpfchen hängend,
Und in Gruppen sich zusammendrängend.

Also einsam,
Zehn und zwölfe hier so leidgemeinsam,
Da und dort verstreut auf grauer Öde,
Weiße Tüchlein aufgebunden Jede.

Also trauernd,
Innerlich vor Frost zusammenschauernd,
Stehn alljährlich sie als Klagebildnis,
In des winterlichen Waldes Wildnis.

Du Erdenelend aber sollst nicht düstern
Mit deinen rohen tückischen Geschwistern
Die Tempelburgen hoher Gottesstirnen
Der Erdgehügel diamantne Firnen.

ADALBERT STIFTER

Die Karwoche in Wien

Es ist eine eigentümlich melancholisch sanfte Erinnerung, wenn ich nur den Namen dieser Woche nennen höre; ein Stück meiner Heimat und Kindheit, ein liebes, reines, feierliches Stück derselben kömmt mit dem Namen zurück. Selbst die Jahreszeit, in welche dieses Fest fällt, wirkt mit, um den Eindruck hervorzubringen, den es macht. Auf den Feldern, die meinen Geburtsort umgaben, war der Schnee bereits weg, aber sie lagen noch naß und schwarz vor der Sonne; die Luft war schon mild und blau, aber die Bäume standen noch mit dem schwarzen, laublosen Gitter in derselben; die Wiesen begannen sachte zu grünen, und an dem Bache und an den Wasserfäden der Wiesengräben liefen bereits dunklere grüne Säume mit der Knospe oder gar schon der Blüte der Butterblume, welche Blume bei uns zu Hause den schönen Namen Osterblume führt – die ganze Frühlingssehnsucht, in allen Wesen, besonders aber in Kinderherzen lebendig, schlug bereits in heller Lohe auf: da kam noch die Karwoche dazu, diese magische Woche voll religiöser Feier und Gefühle, voll Mysterien und Geheimnisse, die mit zauberhafter Gewalt auf die jungen Herzen wirken. – Schon am Palmsonntage begann sie in unserer Kirche mit einem Walde aller möglichen Zweige, die Kätzchen tragen, welche Kätzchen man dort Palmen nennt, wahrscheinlich, weil man durch die Zweige jene Palmen repräsentiert, die einst dem einziehenden Heilande gestreut wurden – die Landleute der umliegenden Dörfer hatten den Wald in die Kirche gebracht, und fast jeder Mann hielt einen Palmenstamm empor, den er schlank und zierlich aus trockenem Fichtenholze geschnitzt hatte und an dessen Spitze sich ein dichter Busch von Palmen, das heißt von jenen Kätzchenzweigen ausbreitete, untermischt mit dem dunkeln Grün der Tannen, die dem Ganzen eine düstere, ernste Feier gaben, namentlich, wenn der sanfte blaue Weihrauch der Kirche durch ihre Zweige quoll und über den Wipfeln die ruhigen Orgeltöne hinschwammen. Dann kam der Montag, und die Vorbereitungen begannen zu dem traurig feierlichen Feste. Die Altäre waren von oben bis unten mit Schwarz behängt; statt der wehenden Fahnen der Zünfte standen die nackten Stangen empor; ein emsiges Hämmern und Sägen hörte man des Nachmittags aus der Kirche – ein Gerüste erhob sich – ungewöhnliche, feierliche Kirchengebräuche geschahen in den Vormittagen, dann hörte jedes Glockenläuten, selbst das Schlagen der Uhren auf, was auf mein Kinderherz den Eindruck der tiefsten Trauer machte, in der Kirche aber stand das schwarze Grab mit seinen flimmernden Lampen von düsterem Rot und Grün und Blau, und die andächtige Menge kniete davor, in tiefer, lautloser Stille betend, und in tiefer, lautloser Stille knieten auch die zwei Kirchendiener als Wächter bei dem Heiligen Grabe – so groß ist die Macht der dem Menschen angebornen Religionsweihe, daß mir als Kinde, wenn ich in jenen Tagen nur kaum erst die Schwelle der Kirche betreten hatte, schon die Schauer der Ehrfurcht ins Herz kamen und daß ich mit tiefster Andacht und Zerknirschung vor dem Heiligen Grabe kniete, das, obwohl von Menschenhänden gemacht, nun nicht mehr Holz und Leinwand war, sondern das bedeutete, was vor zweitausend Jahren als das Geheimnis der Erlösung geschah und seither in der

Seele der Menschen fortwirkte. Dann lösete sich gemach die Trauer: als Vorbote kamen schon Samstags vormittag die Glocken, ihr Ton war so erfreuend und noch Erfreulicheres kündend. Abends war das Fest der Auferstehung. Sonnenhell war es in der Kirche von hundert funkelnden Kerzen; erhabene Musik rauschte, und die Menschen waren geputzt, um jenes Ereignis zu feiern, das als das größte Wunder, als der Grund des Glaubens anerkannt wurde, die Auferstehung. So freudenreich ist dies Ereignis, daß bei uns die fromme Sage geht, die Sonne gehe am Ostersonntage nicht wie gewöhnlich auf, sondern hüpfe dreimal freudig empor. Jeden Ostersonntag wollte ich das Wunder ansehen, aber jedesmal verschlief ich es – und als ich so groß gewachsen war, daß ich es nicht mehr verschlief, da glaubte ich es nicht mehr. Des andern Tages beim Hochamte leuchteten alle Altäre, hingen die Zunftfahnen in schwerer Seide herab, wallte der Weihrauch, ertönte die Musik, und am Altare klangen die feierlichen Hymnen, und freudig ging ich aus der Kirche, daß die Trauer so zum Jubel geworden, aber auch traurig, daß die schöne Woche vorüber ist und nun eine Reihe ordinärer Tage folge.

Was ich auch seitdem geirrt und gesucht, wie ich gestrebt, wie ich errungen und verloren, wie ich glücklich und unglücklich war, was sich auch immer geändert: jenes tiefe religiöse Gefühl für diese bedeutungsvollste Woche der Christenheit hat mich nicht verlassen, und immer ist mir die Karwoche die heiligste, feierlichste Zeit geblieben. Als ich nach Wien kam und ein Bewohner der großen Stadt wurde und die erste Karwoche erlebte, da berührte es mich freilich unangenehm, daß es hier so ganz anders sei, als es seit meiner Kindheit in meinem Herzen nachdämmerte – ich hatte nämlich den

Eindruck meiner Kindheit hier verloren und den hiesigen, wenn er von allen Unwesentlichkeiten entkleidet wurde, noch nicht gewonnen. Ich konnte eben damals von den Unwesentlichkeiten nicht absehen und glaubte, das Fest werde von ihnen gestört. So meinte ich zum Beispiel, alle Buden und Kaufgewölbe müßten in jener Woche geschlossen sein, weil auch in meinem Geburtsorte jede knechtliche Arbeit in derselben ruhte; hier aber drängte sich die kirchliche Feier und die industriöse Bestrebung für mein Auge zu hart aneinander. Ferner, in meiner Heimatkirche kniete alles vor dem Grabe oder stand andächtig davor oder saß betend in den Stühlen; hier aber erlebte ich, daß Gruppen in der Kirche herumgingen und bloß neugierig alles anschauten, daß man ein- und ausging, wie in einer andern Halle, daß draußen dem Kirchtore vorbei die Wägen rasselten, ja daß Leute bei dem einen Kirchtore herein-, bei dem andern hinausgingen, ohne sich weiter aufzuhalten, daß man miteinander sprach und sich die Kritik über die kirchliche Anordnung zuflüsterte und daß man endlich von einer Kirche zur andern, von einem Grabe zum andern ging, bloß um die hier übliche Gewohnheit des Gräberbesuchens mitzumachen. Es berührte mich, wie ich sagte, unangenehm – »wo ist hier die heilige, die tiefe, die stille Feier deiner Kindheit?« rief es in mir, und ich war so entrüstet, daß ich durch mehrere Jahre meines ersten hiesigen Aufenthalts in dieser Woche gar nicht ausging, um sie nicht profanieren zu sehen. Aber wie die Gewalt der Dinge langsam, jedoch sicher wirkt, so geschah es auch, daß, als ich wieder einmal die Feier der Karwoche besuchte, dieselbe auf ganz andere Weise in meine Augen fiel als sonst. Ich hatte eben in der Zeit Hauptstadttaugen bekommen; die Einseitigkeit und die harte Intoleranz des Provinz-, ja eigentlich des Waldbewohners hatte sich abgestreift; ich hatte Menschen achten gelernt in dem, was sie sind, und nicht sogleich *verachten* in dem, was sie nicht sind, ja auch die nicht gänzlich wegzuwerfen, die *nichts* sind (gleichsam der leere Raum zwischen den Weltkörpern), wenn sie nur nicht positiv etwas werden, nämlich Zerstörer an der sittlichen Welt – darum erkannte ich, daß der heilige Ernst der Kirchenfeier gerade in der Hauptstadt hart neben dem Bestreben der Industrie und neben dem Leichtsinne des Müßigganges bestehen müsse, ja, daß gerade dieses harte Nebeneinanderstehen etwas Tragisches habe und ein eindringliches Bild des Lebens sei, dem festen Herzen zeigend, wie hoch das, was immer und allzeit an der Menschheit das Heilige war, über dem Treiben und Genießen des Tages stehe, wenn dieser Zwiespalt auch das idyllisch weiche Gemüt beleidigt.

So steht denn auch in Wien in keiner Zeit des Jahres dieser Gegensatz schroffer da als gerade in der Karwoche. In allen Kirchen beginnt die Feier dieser heiligen Zeit und in vielen Herzen aufrichtig und ernstlich mit – dann aber gibt es viele andere, die das Fest mitbegehen, weil es einmal so ist; sie denken eben nichts Gutes und Schlechtes, nur zuweilen sind sie gerührt – endlich kommen die, denen es Gelegenheit zu Schaugepränge wird und die da kommen, um zu sehen und gesehen zu werden: immer aber ist es noch ein Herüberwehen jenes Geistes aus einer einstigen schöneren, tieferen, religiöseren Zeit, das die Menschen gerade dieser Tage gleichsam zu einer Feier im großen auf die Gassen und Plätze treibt, um sich da zu ergehen und das allgemeine Gepränge zu heben – wenn gleich jener Geist nur in dem tieferen Herzen noch fühlbar ist, indes er die Massen herausführt, ohne daß sie von ihm wissen; denn bei wie vielen mag es bloß darum sein, daß sie herausgehen, weil es so Sitte ist, und bei wie vielen sind es noch schlechtere Motive, die sie regieren, wie es ja bei einem Zusammensein so vieler Menschen nicht anders denklich ist.

Dem äußern Anblick nach ist die Sache so: Wenn die Zeremonien in den vielen Kirchen Wiens beginnen, so bemerkt man schon ein regeres Wandeln auf der Gasse und ausgezeichnetere Anzüge als zu jeder andern Zeit, vollends aber erkennbar wird es erst dann, wenn die Gräber aufgebaut stehen und die Andacht zu denselben beginnt. Da sieht man ganze Familien, ehrbar angezogen, über die Gasse schreiten; Menschen, die das ganze Jahr nicht in die Stadt hereinkommen, verlassen ihre Wohnung in der entfernten Vorstadt, um ein oder das andere Heilige Grab in der Stadt zu besuchen, zu dem sie schon von alters her eine besondere Andacht hegen; manche hohe Dame steigt vor der Kirche aus ihrem Wagen und läßt sich von ihrem Diener das schwerbeschlagene oder in Samt gebundene Gebetbuch reichen; eine Versammlung von Kutschen wartet auf ihre Herrschaften vor der Kirchtüre; Neuvermählte gehen zum ersten Male heuer ihren Gräberbesuch zu machen, manche Mütter mit ihren Töchtern, manche einsame Matrone geht aus ihrer Wohnung, um ihre Andacht zu verrichten, wobei es Sitte ist, daß man nicht etwa nur ein einziges oder zwei Gräber besuche, sondern in der Regel werden alle in der eigentlichen Stadt befindlichen nach der Reihe besucht, so daß es in jenen Tagen den Anschein gewinnt, als wenn die ganze Bevölkerung Wiens auf der Wanderung wäre, und zwar in ihrem Staate, in sonntäglichen und Feierkleidern, daher es sehr leicht seine Erklärung findet, was ich einmal aus dem Munde eines Fremden bemerken hörte, daß man gerade in der Karwoche in Wien die schönsten Kleider und die schönsten weiblichen Angesichte zu sehen bekomme. Daß von dem bloßen Müßiggange, von der Putzsucht und Frivolität diese Zeit auch benützt wird, um ihren Götzen Opfer zu bringen, ist wohl begreiflich; daher zu gewissen Stunden ein ganzer Strom von geputzten Menschen durch die Gassen geht, ja daß die ganze äußere Erscheinung in den Straßen zuletzt in ein bloßes Spazierengehen ausartet. So ist es zum Beispiel gerade am Karfreitage und -samstage gegen die Abenddämmerung Sitte, daß man im höchsten Putze über den Kohlmarkt, Graben und Stephansplatz spazierengeht, von welcher Sitte auch so reichlich Gebrauch gemacht wird, daß buchstäblich Mensch an Mensch nebeneinander geht und daß auch die, die sonst immer zu Wagen sind, hier zu Fuße erscheinen und ein breiter, glänzender Strom von Menschen über die ganze Straße ausgegossen ist, selten von einem fahrenden Wagen gestört, da eben in jenen Momenten fast alles geht, ungleich dem ersten Mai, wo wieder alles fährt. Trotz der augenfälligen Sucht, hier den größten Kleiderprunk zur Ansicht zu bringen, bemerkt selbst das an Harmonie und Schönheit gewöhnte Auge keinen Verstoß gegen den eigentlichen Charakter der Zeit; denn insbesondere das weibliche Geschlecht unserer Hauptstadt hat einen eigentümlichen Takt, hier, wenn auch seine schönsten, doch solche Kleider zu wählen, die dem Ernste, der Ruhe und der Feier der Zeit nicht nur keinen Eintrag tun, sondern sogar dieselbe emporheben. Einzelne Grisetten oder Närrinnen, die durch Übertreibung wirken wollen, können dem Charakter des Ganzen schon darum keinen Abbruch tun, weil sie in der Masse doch verschwinden, wenn sie auch im Augenblicke des Vorüberwandelns mißfällig erscheinen mögen. Diese feierliche Abendpromenade dauert gewöhnlich bis in die Nacht hinein, wo es nach dem Anzünden der Laternen nach und nach aufhört und dem gewöhnlichen Treiben des Tages Platz macht.

Tritt man im Laufe der drei letzten Tage der heiligen Woche in das Innere einer Kirche, so haben fast alle dasselbe Ansehen. Sankt Stephan hat seine Riesenglieder in Trauer gehüllt; ein düsteres Dunkel herrscht durch die großen Räume; einer der Seitenaltäre ist zu dem schönen einfachen Grabe des Heilandes eingerichtet, und eine andächtige Menge kniet dichtgedrängt davor. Wie der Tod alle gleich macht, so auch die Begeisterung und die Religion. Neben der Fürstin, hinter welcher der reichgekleidete Diener steht, harrend, daß er ihr beim Hinausgehen Platz mache, kniet die Bettelfrau, und manchesmal mag es sich wohl zutragen, daß die Fürstin ebenso inbrünstig um Abwendung ihres Wehes zu dem Grabe des Heilandes beten mag als die Bettelfrau um Abwendung des ihrigen. In den Stühlen sitzen die andächtigen Gruppen herum; bei den Fenstern spinnen die Frühlingssonnenstrahlen herein, und eine solche Stille ist in der weiten, dämmerigen Kirche, daß man die Fußtritte der Gehenden und Kommenden hört und das Flüstern der bloß Neugierigen vernehmlich wird – nur draußen geht das dumpf hereintönende Brausen und Arbeiten des Tages fort, und wenn man aus dem Tore der Kirche hinaustritt, so schlagen einem Licht und Lärm entgegen und werden augenblicklich als ein harter Gegensatz gefühlt zu der schwermütig schönen Poesie, die in dem ernsten großen Baue liegt, den die einfältige und fromme Kraft unserer Voreltern aufgetürmet hat. Und in der Tat, ich weiß nicht, ist es die Gewalt der Andacht in dieser heiligen Zeit oder wirkt die Erhabenheit des Baues mit: wenn man so die Mienen der Heraustretenden ansieht, so haben sie etwas Feierliches, und selbst das Gesichtchen des Bürgermädchens, das vielleicht nicht bald irgendwo so schön und lachlustig angetroffen werden dürfte als in Wien, selbst dieses Gesichtchen, der treue, aber schönere Abdruck der ältern, neben ihr gehenden Mutter, sieht sehr ernsthaft und gesammelt aus und läßt demütig die Augenlider sinken über den einzigen Schalk, den sie sonst vielleicht nicht völlig zu verbergen imstande wäre – und in Wahrheit, wenn man die Herausgehenden an mehreren Kirchen beobachtet, so bilde ich mir ein, jederzeit bei Sankt Stephan den größten Ernst und die größte Feierlichkeit auf den Angesichtern gesehen zu haben, so daß wohl die Erhabenheit und Wunderbarkeit des Kunstwerkes mit seiner Gewalt auf die Herzen wirken mochte, wenn sie es selber auch nicht immer wissen.

Wie bei St. Stephan ist es mehr oder minder auch in den andern Kirchen, je nachdem ihr Raum es gestattet. Bei Sankt Peter ist ein schönes, fast heiteres Grab, und vorzüglich schön und herzerhebend sind dort die sogenannten Lamentationen – bei Maria am Gestade ist eine große Lichtermasse und eine Fülle der schönsten Blumen – und so hat jede Kirche der Stadt und die unzähligen der Vorstädte ihre eigentümliche Grabesfeier, und wenn man bedenkt, daß ein großer Teil der Wiener Bevölkerung die Meinung hat, die Andacht habe einen desto größern Wert, bei je mehr Gräbern sie verrichtet wird, so kann man sich eine Vorstellung machen von dem Menschengedränge in den Straßen. Es ist dies die einzige Zeit des Jahres, wo die Kirchengänger vor der übrigen Volksmenge auffallend werden und der Stadt ein feierliches gottesdienstliches Gepränge geben.

Am belebtesten ist der Samstag abends, vielleicht der belebteste Tag des ganzen Jahres in Wien. Die Auferstehung wird in den mehr als hundert Kirchen in jeder mit der ihr möglichst größten Pracht gefeiert, und da dies nicht überall zu gleicher Stunde geschieht, so beginnt bereits um zwei oder drei Uhr nachmittags das Gedränge auf den Straßen; es ist *buchstäblich* ein Gedränge, durch das es stellenweise schwer wird, durchdringen zu können; reitende Polizei und Militär muß aufgestellt sein, um Ordnung zu handhaben und über Sicherheit zu wachen, namentlich geht gegen vier Uhr der drängende und glänzende Zug den Kohlmarkt entlang der k. k. Hofburg entgegen, wo die Auferstehung durch eine feierliche Prozession auf dem Burghofe gefeiert wird, der die Glieder der allerhöchsten Familie, dann die hohen Würdenträger und Militärs in glänzendsten Uniformen beiwohnen und die das Schönste und Feierlichste ist, was man an diesem Tage sehen kann. Da aber des sonst zu großen Volksandranges wegen der Burghof durch Militär abgesperrt ist, so sucht jeder, der nur irgendeinen Bekannten in der k. k. Burg hat, ein Plätzchen an einem der Fenster zu gewinnen, die den Burgplatz umgeben, damit er die Feier sehen könne, und die, welche keinen Freund oder Bekannten haben, bestreben sich dennoch, durch einen oder den andern Eingang hineinzukommen und irgendwo ein Zuschauerplätzchen zu gewinnen. Da aber alle Tore und Pförtchen durch Wache besetzt sind, so stauet sich vor ihnen die Strömung auf, insbesondere da es doch der einen oder andern Gruppe gelingt, durch Unterhandlung und List oder ein klein bißchen Gewalt einzudringen, was die Hoffnung der übrigen wieder anspornt, stehenzubleiben und auszudauern, da sie gar wohl wissen, daß der österreichische Soldat viel zu gutherzig ist, als daß er gar arg mit dem Kolben gegen seine Landsleute stoßen sollte, vorzüglich, da es sich hier gar nicht um das Heil des Landes handelt und es einerlei ist, ob noch ihrer zwanzig mehr drinnen sind oder nicht – und wenn sie auch nichts mehr sehen können, so stehen sie dann doch ruhig und sicher in dem dunklen Gange und hören die Gesänge des Umganges hinein. Diejenigen, welche durchaus nicht eindringen können, begnügen sich mit der Lust, die in ihren Uniformen auffahrenden Chargen zu beobachten und zu bewundern, welche der Prozession beizuwohnen haben. So ist in jenen zwei Stunden die Hofburg dicht von einem Schwarme von Menschen belagert, aber von geputzten, friedlichen, schaulustigen Menschen. Wenn nun die Feier vorüber und der freie Durchgang wieder geöffnet ist, so versiegt und verrinnet die Menge in die anstoßenden Gassen.

Gehen wir nun auf den Platz von Sankt Stephan.

Eine den Platz erfüllende Masse von Volk steht auch hier um die Kirche, das schwarze Gebäude steigt wie ein Gebirge aus der bunten Menge empor, und die tiefen Klänge der großen Glocke fallen von dem Turme nieder, so wie von allen andern Kirchen der Stadt und der Vorstädte ein zusammenklingendes Läuten über die Häuser hinwallt. Das Riesentor ist geöffnet (das Haupttor, welches nur bei besonders feierlichen Gelegenheiten aufgetan wird). So viel tausend Menschen außerhalb, teils aus Andacht, teils aus Gewohnheit, teils aus Neugierde stehen mögen, so viele sind darinnen, wie sie nur immer der große Raum des Gebäudes zu fassen imstande ist. Die Bürgergarde ist im mittleren Schiffe aufgestellt; die

Stadtbehörden erscheinen; ein wahres Heer von Lichtern wird angezündet, und dennoch (und gerade dies gibt einen Begriff von der ungeheuren Größe des Bauwerkes), und dennoch vermag dieses Licht nicht in alle Räume zu dringen; denn hoch oben in den Spitzbögen wohnt die Dämmerung und die Finsternis, was, da man die Verzierungen und steinernen Ornamente nicht mehr sehen kann, dem Dome erst recht das Ansehen der Unendlichkeit gibt. Nun ertönen die Klänge der Riesenorgel (die ebenfalls, wenn ich nicht irre, nur dreimal des Jahres gespielt wird), und der Prozessionszug beginnt, von der hohen Geistlichkeit, von den Staatsbehörden und den Bürgergarden begleitet. Es ist eine wahrhaft erhabene Feier in diesem Gebäude, bei dieser Gewalt der Töne, die vom Chore und von dem Turme fließen, und bei dieser Entwicklung und Entfaltung kirchlicher Pracht. Auch empfinden es die meisten Menschen; denn zu keiner Zeit, den Mitternachtgottesdienst am Christabend etwa ausgenommen, ist die Kirche so gedrängt voll als am Auferstehungsfeste, und selbst auf die Stühle steigen die Entfernteren, um die Feier sehen zu können.

Wenn der letzte Klang vom Turme Sankt Stephans gefallen ist, die Menschen aus den Toren der Kirche herausströmen und auch all die andern Türme der Stadt schweigen: dann beginnt ein anderes, von dem früheren sehr verschiedenes Schauspiel. Da nämlich der Ostersonntag ein sogenannter gesperrter Tag ist, das heißt ein solcher, an dem selbst die gewöhnlichsten Lebensbedürfnisse nicht verkauft werden dürfen, so öffnen sich nun, nachdem man die Laternen angezündet hat, alle möglichen Buden, worin Lebens- und Luxusgegenstände für den folgenden Tag zu haben sind, und da der Wiener gerne gut ißt und an großen Festtagen womöglich gerne am besten ißt, so fängt nun ein Laufen und Rennen nach Versorgung für den folgenden Tag an, und die heimkehrenden Kirchgänger begegnen den forteilenden Mägden und Frauen, die da große Körbe an dem Arme tragen, um noch einen schönen und vortrefflichen Braten für morgen zu erjagen. Der grüne Markt ist mit tausend Lichtern bewegt, Kirchenleute und Einkäufer sind durcheinandergemischt, an den Fleischer- und Räucherbuden herrscht Geschrei und Gedränge, in den Viktualien- und Bäckerläden ist alles glänzend ausgestellt, daß man Ostereier und Osterflecken kaufe. Der Hausvater geht nach Hause und bespricht sich mit den Seinen, wie es dort und da und wieder woanders sehr schön gewesen sei, der Junggeselle, der Pflastertreter, der Durstige wandern ermüdet in ein Gasthaus, erquicken sich und erzählen, was sie heute gesehen und erlebt – und steht erst eine recht schöne Nacht am Himmel, so daß Aussicht zu Promenaden und Ausflügen auf den morgigen Ostersonntag vorhanden ist, so ist ganz Wien selig und vergnügt, und der Karsamstag ist der schönste gewesen, der sich nur immer im Reiche der Möglichkeit erleben läßt.

Karsamstagslegende

Den Verwaisten gewidmet

Seine Dornenkrone
Nahmen sie ab
Legten ihn ohne
Die Würde ins Grab.

Als sie gehetzt und müde
Andern Abends wieder zum Grabe kamen
Siehe, da blühte
Aus dem Hügel jenes Dornes Samen.

Und in den Blüten, abendgrau verhüllt
Sang wunderleise
Eine Drossel süß und mild
Eine helle Weise.

Da fühlten sie kaum
Mehr den Tod am Ort
Sahen über Zeit und Raum
Lächelten im hellen Traum
Gingen träumend fort.

Das Rotkehlchen

Es war zu der Zeit, da unser Herr die Welt erschuf, er nicht nur Himmel und Erde schuf, sondern auch alle Tiere und Pflanzen, und ihnen zugleich ihre Namen gab. Es gibt viele Geschichten aus jener Zeit; und wüßte man sie alle, so wüßte man auch die Erklärung für alles in der Welt, was man jetzt nicht verstehen kann.

Damals war es, daß es sich eines Tages begab, als unser Herr im Paradiese saß und die Vögel malte, daß die Farbe in unsers Herrn Farbschalen ausging, so daß der Stieglitz ohne Farbe geblieben wäre, wenn unser Herr nicht alle Pinsel an seinen Federn abgewischt hätte.

Und damals geschah es, daß der Esel seine langen Ohren bekam, weil er sich nicht merkte, welchen Namen er bekommen hatte. Er vergaß es, sowie er nur ein paar Schritte auf den Fluren des Paradieses gemacht hatte, und dreimal kam er zurück und fragte, wie er heiße, bis unser Herr ein klein wenig ungeduldig wurde, ihn bei den Ohren nahm und sagte: »Dein Name ist Esel, Esel, Esel.«

Und während er so sprach, zog er seine Ohren lang, damit er ein besseres Gehör bekäme und sich merkte, was man ihm sagte.

An demselben Tage geschah es auch, daß die Biene bestraft wurde. Denn als die Biene geschaffen war, begann sie sogleich Honig zu sammeln, und Tiere und Menschen kamen und wollten ihn kosten. Aber die Biene wollte alles für sich behalten und jagte mit ihren giftigen Stichen alle fort, die sich der Honigwabe näherten. Dies sah unser Herr, und alsogleich rief er die Biene zu sich und strafte sie. »Ich verlieh dir die Gabe, Honig zu sammeln, der das Süßeste in der Schöpfung ist«, sagte unser Herr, »aber damit gab ich dir nicht das Recht, hart gegen deinen Nächsten zu sein. Merke dir nun, jedesmal, wenn du jemand stichst, der deinen Honig kosten will, mußt du sterben!«

Ach ja, damals geschah es, daß die Grille blind wurde und die Ameise ihre Flügel verlor; es begab sich so viel Wunderliches an diesem Tage.

Unser Herr saß den ganzen Tag groß und mild da und schuf und erweckte zum Leben, und gegen Abend kam es ihm in den Sinn, einen kleinen grauen Vogel zu erschaffen.

»Merke dir, daß dein Name Rotkehlchen ist!« sagte unser Herr zu dem Vogel, als er fertig war. Und er setzte ihn auf seine flache Hand und ließ ihn fliegen.

Aber als der Vogel ein Weilchen umhergeflogen war und sich die schöne Erde besehen hatte, auf der er leben sollte, bekam er auch Lust, sich selbst zu betrachten. Da sah er, daß er ganz grau war, und seine Kehle war ebenso grau wie alles andere. Das Rotkehlchen wendete und drehte sich und spiegelte sich im Wasser, aber es konnte keine einzige rote Feder entdecken.

Da flog der Vogel zu unserem Herrn zurück.

Unser Herr thronte gut und milde, aus seinen Händen gingen Schmetterlinge hervor, die um sein Haupt flatterten, Tauben gurrten auf seinen Schultern und aus dem Boden rings um ihn sproßten die Rosen, die Lilie und das Tausendschönchen.

Das Herz des kleinen Vogels pochte heftig vor Bangigkeit, aber in leichten Bogen flog er doch immer näher zu unserm Herrn, und schließlich ließ er sich auf seiner Hand nieder.

Da fragte unser Herr, was sein Begehr wäre.

»Ich möchte dich nur um eines fragen«, sagte der kleine Vogel.

»Was willst du denn wissen?« fragte unser Herr.

»Warum soll ich Rotkehlchen heißen, wenn ich doch ganz grau bin vom Schnabel bis zum Schwanze? Warum werde ich Rotkehlchen genannt, wenn ich keine einzige rote Feder mein Eigen nenne?«

Und der Vogel sah unseren Herrn mit seinen kleinen schwarzen Äuglein flehend an und wendete das Köpfchen. Ringsum sah er Fasanen, ganz rot unter einem leichten Goldstaub, Papageien mit reichen roten Halskragen, Hähne mit roten Kämmen, ganz zu schweigen von den Schmetterlingen, den Goldfischen und den Rosen. Und natürlich dachte er sich, wie wenig vonnöten wäre, nur ein einziger kleiner Tropfen Farbe auf seiner Brust, und er wäre ein schöner Vogel und sein Name schicke sich für ihn.

»Warum soll ich Rotkehlchen heißen, wenn ich ganz grau bin?« fragte der Vogel abermals und wartete, daß unser Herr sagen würde:

»Ach, Freundchen, ich sehe, ich habe ganz vergessen, deine Brustfedern rot zu malen, aber warte nur einen Augenblick, dann wird es geschehen.«

Aber unser Herr lächelte nur still und sagte:

»Ich habe dich Rotkehlchen genannt, und Rotkehlchen sollst du heißen, aber du mußt selbst zusehen, daß du dir deine roten Brustfedern verdienst.«

Und damit erhob unser Herr die Hand und ließ den Vogel aufs neue in die Welt hinausfliegen.

Der Vogel flog sehr nachdenklich ins Paradies hinunter. Was sollte wohl ein kleiner Vogel wie er tun können, um sich rote Federn zu verschaffen?

Das einzige, was ihm einfiel, war, daß er sein Nest in einen Dornenbusch baute. Er nistete zwischen den Stacheln in dem dichten Dornengestrüpp. Es war, als erwarte er, daß ein Rosenblatt an seiner Kehle haften bliebe und ihm seine Farbe gäbe. Eine unendliche Menge von Jahren war seit diesem Tage verflossen, der der fröhlichste der Erde war. Seit dieser Zeit hatten sowohl die Tiere als auch die Menschen das Paradies verlassen und sich über die Erde verbreitet. Und die Menschen hatten es soweit gebracht, daß sie gelernt hatten, den Boden zu bebauen und das Meer zu befahren, sie hatten sich Kleider und Zierrat geschaffen, ja sie hatten längst gelernt, große Tempel und mächtige Städte zu bauen, wie Theben, Rom und Jerusalem.

Da brach ein neuer Tag an, der auch in der Geschichte der Erde lange nicht vergessen werden sollte, und am Morgen dieses Tages saß das Rotkehlchen auf einem kleinen nackten Hügel vor den Mauern Jerusalems und sang seinen Jungen vor, die in dem kleinen Nest in einem niedrigen Dornenbusch lagen.

Das Rotkehlchen erzählte seinen Kleinen von dem wunderbaren Schöpfungstage und von der Namengebung, wie jedes Rotkehlchen es seinen Kindern erzählt hatte, von dem ersten an, das Gottes Wort gehört hatte und aus Gottes Hand hervorgegangen war. »Und seht nun«, schloß es betrübt, »so viele Jahre sind seit dem Schöpfungstage verflossen, so viele Rosen haben geblüht, so viele junge Vögel sind aus ihren Eiern gekrochen, so viele, daß keiner sie zählen kann, aber das Rotkehlchen ist noch immer ein kleiner, grauer Vogel, es ist ihm noch nicht gelungen, die roten Brustfedern zu erringen.«

Die kleinen Jungen rissen ihre Schnäbel weit auf und fragten, ob ihre Vorfahren nicht versucht hätten, irgendeine Großtat zu vollbringen, um die unschätzbare rote Farbe zu erringen.

»Wir haben alle getan, was wir konnten«, sagte der kleine Vogel, »aber es ist uns allen mißlungen. Schon das erste Rotkehlchen traf einmal einen anderen Vogel, der ihm völlig glich, und es begann sogleich, ihn mit heftiger Liebe zu lieben, daß es seine Brust erglühen fühlte. Ach, dachte es da, nun verstehe ich es: der liebe Gott will, daß ich so heiß liebe, daß meine Brustfedern sich von der Liebesglut, die in meinem Herzen wohnt, rot färben. Aber es mißlang ihm, wie es allen nach ihm mißlungen ist, und wie es auch euch allen mißlingen wird.«

Die kleinen Jungen zwitscherten betrübt, sie begannen schon darüber zu trauern, daß die rote Farbe ihre kleine flaumige Kehle nicht schmücken sollte.

»Wir hofften auch auf den Gesang«, sagte der alte Vogel, in langgezogenen Tönen sprechend. »Schon das erste Rotkehlchen sang so, daß seine Brust vor Begeisterung schwoll, und es wagte wieder zu hoffen. Ach, dachte es, die Sangesglut, die in meiner Seele wohnt, wird meine Brustfedern rot färben. Aber es täuschte sich, wie alle nach ihm sich getäuscht haben, und wie auch ihr euch täuschen werdet.«

Wieder hörte man ein trübseliges Piepsen aus den halbnackten Kehlen der Jungen.

»Wir hofften auch auf unsern Mut und unsre Tapferkeit«, sagte der Vogel. »Schon das erste Rotkehlchen kämpfte tapfer mit andern Vögeln, und seine Brust glühte vor Kampfeslust. Ach, dachte es, meine Brustfedern werden sich rot färben von der Kampfeslust, die in meinem Herzen flammt. Aber es scheiterte, wie alle nach ihm scheiterten, und wie auch ihr scheitern werdet.«

Die winzigen Jungen piepsten mutig, daß sie es doch versuchen wollten, den erstrebten Preis zu gewinnen, aber der alte Vogel antwortete ihnen betrübt, daß dies unmöglich sei. Was könnten sie hoffen, wenn so viele ausgezeichnete Vorfahren das Ziel nicht erreicht hätten? Was könnten sie mehr tun als lieben, singen und kämpfen? Was könnten –

Der Vogel hielt mitten im Satz inne, denn aus einem Tore Jerusalems kam eine Menschenmenge gezogen, und die ganze Schar eilte den Hügel hinan, wo der Vogel sein Nest hatte.

Da waren Reiter auf stolzen Rossen, Krieger mit langen Lanzen, Henkersknechte mit Nägeln und Hämmern, da waren würdig einherschreitende Priester und Richter, weinende Frauen, und allen voran eine Menge wilden Volkes, ein greuliches, heulendes Geleit von Landstreichern.

Der kleine graue Vogel saß zitternd auf dem Rande seines Nestes. Er fürchtete jeden Augenblick, daß der kleine Dornenbusch niedergetreten und seine kleinen Jungen getötet werden würden. »Nehmt euch in acht«, rief er den kleinen schutzlosen Jungen zu, »kriecht dicht zusammen und verhaltet euch still! Hier kommt ein Pferd, das gerade über uns hingeht!

Hier kommt ein Krieger mit eisenbeschlagenen Sandalen! Hier kommt die ganze wilde Schar angestürmt!«

Mit einem Male hörte der kleine Vogel mit seinen Warnungsrufen auf, er wurde still und stumm. Er vergaß beinahe die Gefahr, in der er schwebte.

Plötzlich hüpfte er in das Nest hinunter und breitete die Flügel über seine Jungen.

»Nein, das ist zu entsetzlich«, sagte er. »Ich will nicht, daß ihr diesen Anblick seht – da sind drei Missetäter, die gekreuzigt werden sollen.«

Und er breitete ängstlich seine Flügel aus, so daß die Kleinen nichts sehen konnten. Sie vernahmen nur donnernde Hammerschläge, Klagerufe und das wilde Geschrei des Volkes.

Das Rotkehlchen folgte dem ganzen Schauspiel mit Augen, die sich vor Entsetzen weiteten. Es konnte die Blicke nicht mehr von den drei Unglücklichen wenden.

»Wie grausam die Menschen sind!« sagte der Vogel nach einem Weilchen. »Es ist ihnen nicht genug, daß sie diese armen Wesen ans Kreuz nageln, nein, auf dem Kopfe des einen haben sie eine Krone aus stechenden Dornen befestigt.

Ich sehe, daß die Dornen seine Stirn verwundet haben und das Blut fließt«, fuhr er fort. »Und dieser Mann ist so schön und sieht mit so milden Blicken um sich, daß jeder ihn lieben müßte. Mir ist, als ginge eine Pfeilspitze durch mein Herz, wenn ich ihn leiden sehe.«

Der kleine Vogel begann immer stärkeres Mitleid mit dem Dornengekrönten zu fühlen. Wenn ich mein Bruder, der Adler wäre, dachte er, würde ich die Nägel aus seinen Händen reißen und mit meinen starken Klauen alle die Leute verscheuchen, die ihn peinigen.

Er sah, wie das Blut auf die Stirn des Gekreuzigten tropfte, und da vermochte er nicht mehr still in seinem Neste zu bleiben.

Wenn ich auch nur klein und schwach bin, so muß ich doch etwas für diesen armen Gequälten tun können, dachte der Vogel, und er verließ sein Nest und flog hinaus in die Luft, weite Kreise um den Gekreuzigten beschreibend.

Er umkreiste ihn mehrere Male, ohne daß er sich näher zu kommen traute, denn er war ein scheuer kleiner Vogel, der es nie gewagt hätte, sich einem Menschen zu nähern. Aber allmählich faßte er Mut, flog ganz nahe hinzu und zog mit seinem Schnabel einen Dorn aus, der in die Stirn des Gekreuzigten gedrungen war. Aber während er dies tat, fiel ein Tropfen von dem Blute des Gekreuzigten auf die Kehle des Vogels. Der verbreitete sich rasch und färbte alle die kleinen zarten Brustfedern.

Wie der Vogel wieder in sein Nest kam, riefen ihm seine kleinen Jungen zu:

»Deine Brust ist rot, deine Brustfedern sind roter als Rosen!«

»Es ist nur ein Blutstropfen von der Stirn des armen Mannes«, sagte der Vogel. »Er verschwindet, sobald ich in einem Bache bade oder in einer klaren Quelle.«

Aber soviel der kleine Vogel auch badete, die rote Farbe verschwand nicht von seiner Kehle, und als seine Kleinen herangewachsen waren, leuchtete die blutrote Farbe auch von ihren Brustfedern, wie sie auf jedes Rotkehlchens Brust und Kehle leuchtet, bis auf den heutigen Tag.

* * *

Christ ist erstanden
Von der Marter alle;
Des solln wir alle froh sein,
Christ will unser Trost sein.
Kyrieleis.

Wär er nicht erstanden,
So wär die Welt vergangen;
Seit daß er erstanden ist,
So lobn wir den Vater Jesu Christ.
Kyrieleis.

Halleluja, Halleluja, Halleluja!
Des solln wir alle froh sein,
Christ will unser Trost sein.
Kyrieleis.

Der Engel am Grabe des Herrn

Als still und kalt, mit sieben Todeswunden,
Der Herr in seinem Grabe lag; das Grab,
Als sollte es zehn lebendge Riesen fesseln,
In einer Felskluft schmetternd eingehauen;
Gewälzet, mit der Männer Kraft, verschloß
Ein Sandstein, der Bestechung taub, die Türe;
Rings war des Landvogts Siegel aufgedrückt:
Es hätte der Gedanke selber nicht
Der Höhle unbemerkt entschlüpfen können;
Und gleichwohl noch, als ob zu fürchten sei,
Es könn auch der Granitblock sich bekehren,
Ging eine Schar von Hütern auf und ab,
Und starrte nach des Siegels Bildern hin:
Da kamen, bei des Morgens Strahl,
Des ewgen Glaubens voll, die drei Marien her,
Zu sehn, ob Jesus noch darinnen sei:
Denn Er, versprochen hatt er ihnen,
Er werd am dritten Tage auferstehn.
Da nun die Fraun, die gläubigen, sich nahten
Der Grabeshöhle: was erblickten sie?
Die Hüter, die das Grab bewachen sollten,
Gestürzt, das Angesicht in Staub,
Wie Tote, um den Felsen lagen sie;
Der Stein war weit hinweggewälzt vom Eingang;
Und auf dem Rande saß, das Flügelpaar noch
                                    regend,
Ein Engel, wie der Blitz erscheint,
Und sein Gewand so weiß wie junger Schnee.

Da stürzten sie, wie Leichen, selbst, getroffen,
Zu Boden hin, und fühlten sich wie Staub,
Und meinten, gleich im Glanze zu vergehn:
Doch er, er sprach, der Cherub: »Fürchtet nicht!
Ihr suchet Jesum, den Gekreuzigten –
Der aber ist nicht hier, er ist erstanden:
Kommet her und schaut die öde Stätte an.«
Und fuhr, als sie, mit hocherhobnen Händen,
Sprachlos die Grabesstätte leer erschaut,
In seiner hehren Milde also fort:
»Geht hin, ihr Fraun, und kündigt es nunmehr
Den Jüngern an, die er sich auserkoren,
Daß sie es allen Erdenvölkern lehren.
Und tun also, wie er getan«: und schwand.

WILHELM WAIBLINGER

Die heilige Woche,
Charaktergemälde aus Rom

So kam denn endlich der Ostertag heran. Eduard erwachte von dem Kanonendonner, der ihn ankündigte.
Ein heftiges, erhebendes Gefühl durchdrang ihn. Welche
Eindrücke und welchen Auftritt hatte er zu erwarten?
[...]
Schon strömte das Volk dem Sankt Peter zu. Jetzt eröffnete sich vor Eduard der weite, ungeheure Platz vor
der Basilika. Tausende wandelten den Treppen zu, und
doch verloren sich diese Tausende nur als kleine beweg-

liche Punkte auf der runden Fläche vor der Riesenfassade des größten Baues der Welt. Überall riefen und lärmten die Limonadenverkäufer, die ganze Pyramiden von gold'nen Zitronen und Pomeranzen aufgeschichtet hatten. Ein Wald von Karossen lagerte sich zur Rechten und Linken der gigantischen Treppen. Schon war der Balkon am Peter mit Gold und Purpur geziert, und die päpstliche dreifache Krone glänzte vor der flatternden Fahne. Eduard ging in den Tempel. Die Funktion hat bereits begonnen. Von der Mitteltüre des Peters, das Schiff hinab bis zu den Metallsäulen des Hauptaltars, stehen die langen Reihen des Militärs, um die Straße für die Prozession frei zu erhalten; um den Baldachin ist die Schweizerwache aufgestellt, deren ritterliche Tracht mit Helm, Panzer und Hellebarde um viele Jahrhunderte zurückführt. Gleich jenseits des Hauptaltars sitzen, wie in einer kleinern Kirche, die zu einem Nichts unter der schwindelerregenden Kuppel wird, die Kardinäle umher, und zur Seite und in der Mitte ist ein Thron für den Papst selbst errichtet. Viele Tausende Volks aus allen Weltgegenden drängen sich drum her; viele Tausende stellen sich der Militärreihe nach, das Schiff des Peters entlang; viele Tausende wandeln in den Hallen umher, von denen eine einzige schon eine Kirche zu nennen wäre. Andere Scharen knien vor den achtundzwanzig Altären, vor den geöffneten Seitenkapellen, deren unsägliche Pracht blendend in unzähligen Farben und Herrlichkeiten dem betenden Volk entgegenleuchtet. Hunderte von zerlumpten Campagnenbauern, von denen jeder ein markierteres, geschwärzteres, charaktervolleres Gesicht zu haben scheint, stoßen sich wie Wütende mit Püffen und Schlägen in einem furchtbaren Gewühl herum, nur um dem Bild des heiligen Petrus den Fuß zu küssen. Dutzende von Pagen, Läufern, Jägern und Kammerdienern folgen den hohen, adligen Römerfamilien, die zwischen dem Militär hinabwandeln, um der Funktion zuzusehn. Hunderte von Krüppeln und Bettlern schleichen umher, während die reizendsten Albaneserinnen und Frascatanerinnen im vollen Schmuck ihrer zauberischen Tracht vorübergehen, und sich da und dort auf die Knie niederlassen; während die wohlgebildetesten, lachendsten Trasteverinen sich da und dort durch das Gedränge winden. Während die Engländerinnen sich auf eigenen dazu errichteten Stühlen zu beiden Seiten des Baldachins herumgesetzt haben, und manche hochgewachsene, edle Römerin mit Kindern, Mann und Bedienten in den weiten, trotz all den Tausenden, immer noch leeren Räumen spazieren geht, die Grabmäler der Päpste, die Altargemälde, die Kapellen, die Menschen betrachtend, und wiederum vergnügt, von Andern betrachtet zu werden; Haufen von mutwilligen Buben klettern an den Beichtstühlen, an den Säulen und Pilastern hinauf, und ganze Gruppen schweben da und dort in der Höhe, über diese immer bewegliche, wogende Welt hinblickend, und den heiligen Vater angaffend, wie er im feierlichen Festgewand und der goldnen Krone auf dem weißen Throne sitzt, wie die Patriarchen, Kardinäle, Bischöfe um ihn beschäftigt sind, wie gebetet, gekniet, Weihrauch gestreut, gelesen, gesungen wird. – Engländer, Franzosen, Spanier, Holländer, Irländer, Deutsche, Schweden, Dänen, Russen, Griechen, Armenier und Mohren begegnen sich; – der halbnackte, schwarzgebrannte Bettler hebt sein bärtiges Gesicht neben dem geputztesten Stutzer vom Corso, neben der anmutigsten Schönen empor; Pilgrimme, die Eduard erschrekken, lassen sich da und dort sehen, vielleicht von den Klöstern des Libanon herkommend, die Mäntel bedeckt mit Meermuscheln; – arme, hübsche Römerinnen sitzen am Fußgestelle der gigantischen Säulen und Pilaster, und säugen ungescheut im Tempel ihr Kind, während der Gesang der Kastraten in entzückenden Schwingungen in weiter Ferne erschallt, und wiewohl unter der Kuppel, inmitten der Basilike, doch kaum vernommen wird in diesen fast unermeßlichen Räumen.

Solch ein Kirchenfest ist freilich einzig auf der Erde. Der Augenblick zumal, wo auf den Schall der Glocke das Militär und ihm nachfolgend diese ganze Menschenmenge auf die Knien fällt, plötzlich Totenstille waltet, die ganze Welt von *einem* Gedanken, *einer* Macht, *einem* Gott ergriffen zu sein scheint, und nun in das feierliche, heilige Schweigen über die niedergeworfene Christenheit, in den größten Tempel der Erde hinein der ernste erhabene Posaunenschall ertönt, kein Atem mehr gehört wird, und der mächtige Klang, wie die Stimmen Gottes selbst, so über alle Beschreibung mit Schauder vernommen wird, während man von der Höhe jener vier ungeheuren Pilaster herab, welche die Kuppel tragen, die Reliquien des wahrhaftigen Kreuzes und die heilige Lanze zeigt, während der Nachfolger Christi, und mit ihm die andächtige Menge in Erinnerung von fast zwei Jahrtausenden mit tiefem Schweigen, in betender Stille den Augenblick unter jener Kuppel, unter jenem Pantheon feiert, das Michel Angelo Buonarotti 242 Palmen hoch in die Lüfte emporbaute; dieser Moment wird nur in seinem Eindruck von dem übertroffen, der bald darauf folgt, und ist mit ihm gewiß der priesterlichste, großartigste, welcher der äußern Welt noch übrig geblieben.

Eduard, ihm ganz hingegeben, dem Schall folgend,

der von der Posaune über die Menschen herklingt, sinkt mit ihnen auf die Knie.

Die Funktion ist zu Ende. Der Gesang schweigt. Das Militär ordnet sich. Das Volk wird zurückgedrängt. Die Prozession erscheint. Voraus alle die schönen Ordenstrachten, sofort die Kronen des Papstes auf Purpurkissen getragen, sodann der hohe Klerus, die Häupter des Katholizismus, die Ordensgeneräle, die Patriarchen, die Kardinäle im langen Festgewand, die armenischen in ihren Kronen, die Erzbischöfe, und nun hoch auf dem goldglänzenden, purpurnen Tragsessel, die Krone Petri auf dem Haupt, unter weißem Baldachin, die stolzen Federn zur Seite, der Papst selbst, der langsam an dem knienden Volke vorübergetragen wird, und dahin und dorthin die Hand zum Segnen emporhebt.

Kaum ist aber die lange Prozession aus der Kirche verschwunden, so entsteht ein unbeschreibliches Gedränge, indem sich alle zugleich durch die Türe drängen wollen. Eduard läßt sich gleichsam forttragen und wälzen von der wogenden Masse, und kommt tüchtig zusammengedrückt endlich in die Vorhalle hinaus, wo er den Papst noch hoch über dem Volk, auf dem Tragsessel die Treppen zum Vatikan hinantragen sieht.

Aber welch ein unermeßlicher Anblick ist es, plötzlich aus der Vorhalle herauszutreten und den ganzen Petersplatz hinüberzusehen, der eine dunkle, buntfarbige Menschenmasse ist, die sich der Fassade der Peterskirche und dem Balkon zukehrt, wo der heilige Vater erwartet wird. Vor den Treppen, die an sich schon so viele Menschen tragen, daß sie genug wären, eine Stadt mit Bewohnern zu füllen, ist in einem gewaltigen Viereck das Militär aufgestellt, zu beiden Seiten die Dragoner und die Carabiniers. Über dieser unübersehbaren Menschenmenge ragt der Obelisco di Solare von Sesostris in seiner uralten ägyptischen Schönheit hervor, und die titanischen Fontänen sprengen ihre weißen Wallungen blendenden Schaumes in die Lüfte. Da erscheint der Papst auf dem Balkon, die Glocken des Sankt Peter erschallen; die Musiker stürmen; die Kanonen vom Kastell Sankt Angelo erdonnern, und an die vierzigtausend Menschen stürzen auf die Knie. Wo man den Kanonendonner vernimmt, in ganz Rom; draußen weit in der Campagna, kniet man nieder. Eduard ist außer sich. Er will emporblicken, wo der heilige Vater, in plötzlich eingetretener Stille, auf seinem Thronsessel unter dem Baldachin über sein Rom und die betende Menge hinsieht und den heiligen, durch die Höhe und Ferne nicht vernehmbaren Segen ausspricht. Aber sein Auge ist naß, und er glaubt vergehen zu müssen in der überschwenglichen Macht dieser Momente.

Nun fliegt die Bannbulle gegen das Haus Colonna herab, eine noch aus alten Zeiten beibehaltene Gewohnheit, um die Hartnäckigkeit dieser mächtigen, widersetzlichen Familie zu strafen, und gleich darauf ihre Aufhebung und Vergebung; sofort erdonnern wieder die Kanonen, von der Engelsburg erschallen die Musiken, ertönen die Glocken, jene Vierzigtausende erheben sich zumal, und der Papst verschwindet in der Höhe.

Osterlied

Melodie: Lobt Gott ihr Christen allzugleich etc.

Das Grab ist leer, das Grab ist leer!
  Erstanden ist der Held!
Das Leben ist des Todes Herr,
  Gerettet ist die Welt!
  Gerettet ist die Welt!

Die Schriftgelehrten hatten's Müh,
  Und wollten Weise sein;
Sie hüteten das Grab, und sie
  Versiegelten den Stein,
  Versiegelten den Stein.

Doch ihre Weisheit, ihre List
  Zu Spott und Schande ward;
Denn Gottes Weisheit höher ist,
  Und einer andern Art,
  Und einer andern Art.

Sie kannten nicht den Weg, den Gott
  In seinen Werken geht;
Und daß nach Marter und nach Tod
  Das Leben aufersteht,
  Das Leben aufersteht.

Gott gab der Welt, wie Moses lehrt,
  Im Paradies sein Wort;

Und seitdem ging es ungestört
  Im stillen heimlich fort.
  Im stillen heimlich fort.

Bis daß die Zeit erfüllet war
  – Die Himmel feirten schon –
Da kam's zutage, da gebar
  Die Jungfrau ihren Sohn,
  Die Jungfrau ihren Sohn,

Den Seligmacher – –. Hoch und hehr,
  Und Gottes Wesens voll
Ging er in Knechtsgestalt einher,
  Tat Wunder und tat wohl,
  Tat Wunder und tat wohl;

Und ward verachtet und verkannt,
  Gemartert und verklagt,
Und starb am Kreuz durch Menschenhand;
  Wie er vorhergesagt,
  Wie er vorhergesagt;

Und ward begraben, und beweint,
  Als sei er tot, allein
Er lebt, nun Gott und Mensch vereint,
  Und alle Macht ist sein,
  Und alle Macht ist sein.

Halleluja! das Grab ist leer!
  Gerettet ist die Welt,
Das Leben ist des Todes Herr!
  Erstanden ist der Held!
  Erstanden ist der Held.

ANDREAS GRYPHIUS

Auf das Fest des auferstehenden Erlösers / oder heil. Ostertag

Marci 16

WO ist der Höllen Raub? wo sind des Todes Pfeile?
  Wo ist der Sünden Macht? Wo ist der Schlangen
                              Zahn?
  Wo ist des Höchsten Zorn? Wo ist der Höllen
                              Kahn?
Verjagt! erlegt! entzwei! wo sind die starken Seile
Mit den die Sünde band? ist in so kurzer Weile
  Des Teufels Reich zustört? Ja! schaut die Sieges
                              Fahn /
  Der Löw und Lamb / der Knecht und König hats
                              getan:
O Leben! Heil! Triumph! auf / auf mein Herz und
                              eile!
  Dort lieget meine Schuld! hier ist das Lösegeld /
  Dort ist das leere Grab / hier ist der starke Held
Der jedem Petro ruft! O der du hast durchdrungen
  Grab / Siegel / Hut und Stein: wälz ab die große
                              Last
  Vons Herzens Tür / bind auf das Schweißtuch / das
                              mich faßt.
Damit ich sehe / wie der Tod im Sieg verschlungen.

Osterflügel

Den Menschen, HErr, schufst Du im Überfluß,
Doch er verlor's auf Narrenart,
Daß er verfallen mußt,
Bis arm er war
Am Schluß.
Mit Dir
Erhebe mich:
In Lerchenharmonie
Will Deine Siege singen ich –
Dann wird der Fall den Flug befördern mir.

Mein Leben, es begann in Angst und Qual,
Und immer strafst mit Leid Du mich
Ob meiner Sünden Zahl –
So wurde ich
Ganz schmal.
Mit Dir,
In Einheit, klopft
Das Herz am Siegestage mir:
Mein Flügel, Deinem aufgepfropft –
Und Trübsal fördert meinen Flug in mir.

Das Osterfest in Griechenland

Die Osterfeier der Katholiken in Italien und namentlich in Rom ist großartig, hinreißend; es ist ein erhebender Anblick, auf dem großen Petersplatze die ganze Menschenmasse auf die Kniee sinken und den Segen empfangen zu sehen. Das Osterfest in dem armen Griechenland kann nicht mit jener hohen Pracht sich zeigen, aber nachdem man beide gesehen hat, gelangt man zu der Überzeugung, daß es in Rom ein Fest sei, dessen Glanz und Glorie von der Kirche über das Volk ausgeht, in Griechenland aber ein Fest, welches von den Herzen und Gedanken des Volkes, von einem ganzen Leben ausströmt; die Kirche ist darin nur ein Glied. Ein langes, strenges Fasten geht voraus, das sehr genau gehalten wird; die Bauern leben fast nur von Brot, Knoblauch und Wasser.

Am Karfreitage erschien die atheniensische Zeitung mit schwarzem Rande zur Erinnerung an den Tod Christi; die Titelvignette zeigte einen Sarkophag mit einer Tränenweide und zu oberst stand ein Passionsgedicht von Sutzos. Das Fest selbst begann des Abends; ich ging in die Hauptkirche, sie war prachtvoll erleuchtet und ganz von Menschen überfüllt; vor dem Altare stand ein Sarg aus Glas, durch Silberplatten zusammengefügt. Der Sarg umschloß frische Rosen, die den toten Christus andeuten sollten. Ein wunderbares Summen der Betenden tönte durch das Gotteshaus. Buntgekleidete Priester und Bischöfe traten vor den Altar, wo sie ihre Gebete sprachen. Um neun Uhr abends begann eine Trauermusik und der Zug nahm seinen Anfang, von der Kirche durch die Hauptstraße nach dem Schlosse. Aus meinem Fenster sah ich mit Bequemlichkeit die langsam fortschreitende Prozession, eine der feierlichsten, die ich erlebt. Es war ein glänzender, sternenheller Abend, so mild und still. Auf allen Altanen umher und an den offnen Fenstern hatte jeder Zuschauer ein brennendes Licht in der Hand, Musik ertönte aus der Seitenstraße zu uns herüber; Weihrauchduft erfüllte die Luft. Ein großes Menschengewühl bewegte sich fort, alle festlich gekleidet, jeder, selbst das kleinste Kind mit einem langen, dünnen, brennenden Lichte in der Hand. Militärische Trauermusik ertönte, als trage das Volk seinen König zu Grabe. Von Priestern umgeben trug man den Sarg mit den frischen roten Rosen; über diesem hing ein langer Trauerflor, welcher von den vornehmsten Beamten und höhern Offizieren des Landes gehalten wurde. Eine Schar dieser und darauf das große Menschengewühl, alle, wie gesagt, mit brennenden Lichtern, beschloß den Zug. Es war eine Stille, eine anscheinende Trauer oder Andacht, die jedes Gemüt ergreifen mußte. Vor dem Schlosse, wo der König und die Königin standen, hielt der Bischof eine kurze Rede und der König küßte die heilige Bibel. Während der ganzen Zeremonie ertönte ein einförmiges Glockengeläute, immer nur zwei Schläge, worauf eine kleine Pause folgte; Tag und Nacht war die Kirche von Menschen angefüllt. Um Mitternacht vor dem Ostertage waren der König, die Königin und der ganze Hof hier, die Priester standen betend und trauernd um den mit Blumen angefüllten Sarg; das ganze Volk betete leise. Es schlug zwölf Uhr und mit dem letzten Schlage trat der Bischof hervor und verkündete: »Christus ist erstanden!«

»Χριστὸς ἀνέστη!« jubelte jede Zunge; Pauken und Trompeten erschallten, die Musik spielte den muntersten Tanz. Alle umarmten und küßten sich jubelnd: »Christus ist erstanden!« Draußen donnerte Schuß auf Schuß, Raketen stiegen empor, Fackeln wurden angezündet; Männer und junge Burschen, jeder mit seinem Licht in der Hand, tanzten in einer langen Reihe durch die Stadt; die Frauen machten Feuer an, schlachteten Lämmer und brieten sie auf der Straße; kleine Kinder, welche alle neue Feß und neue rote Schuhe erhalten hatten, tanzten im Hemde um das Feuer, küßten sich und sagten wie die Ältern: »Christus ist erstanden!« O hätte ich eins dieser Kinder an mein Herz drücken und mit ihm jubeln können: »Χριστὸς ἀνέστη!« Es war rührend, erhebend und schön!

Man wird sagen, das Ganze sei eine Zeremonie, und hinzufügen – gewiß mit einiger Wahrheit – es sei die menschliche Freude darüber, daß die strengen Fasten beendet wären und sie nun ihr Lamm essen und ihren Wein trinken könnten. Nun ja! Etwas davon mag einwirken, aber ich darf behaupten, hier war mehr, hier war ein wahrer, ein großer, religiöser Jubel! – Christus war in ihren Gedanken, wie auf ihren Lippen. »Christus ist erstanden!« lautete die Botschaft, und es war keine veraltete Begebenheit, nein, es war, als sei sie an diesem Ort, in dieser Nacht, in diesem Lande geschehen! Es war, als erreiche die Botschaft in diesem Augenblick ihre Ohren!

Alles war Musik und Tanz in der Hauptstadt und in jeder kleinen Stadt des ganzen Landes. Alle Arbeit ruhte, jeder lebte nur der Freude. Draußen beim Theseustempel und unter Zeus' Marmorsäulen gab es Tanz und Lustigkeit. Die Mandoline erklang, die Alten stimmten Gesänge an, und mitten unter der Freude ertönte, als Willkommen- und Abschiedsgruß: *»Christus ist erstanden!«*

ANNETTE VON DROSTE-HÜLSHOFF

Am Ostersonntage

O jauchze, Welt, du hast ihn wieder,
Sein Himmel hielt ihn nicht zurück!
O jauchzet, jauchzet, singet Lieder!
Was dunkelst du, mein sel'ger Blick?

Es ist zu viel, man kann nur weinen,
Die Freude steht wie Kummer da;
Wer kann so großer Lust sich einen,
Der all so große Trauer sah?

Unendlich Heil hab ich erfahren
Durch ein Geheimnis voller Schmerz,
Wie es kein Menschensinn bewahren,
Empfinden kann kein Menschenherz.

Vom Grabe ist mein Herr erstanden
Und grüßet alle, die da sein;
Und wir sind frei von Tod und Banden
Und von der Sünde Moder rein.

Den eignen Leib hat er zerrissen,
Zu waschen uns mit seinem Blut;
Wer kann um dies Geheimnis wissen
Und schmelzen nicht in Liebesglut?

Ich soll mich freun an diesem Tage
Mit deiner ganzen Christenheit,
Und ist mir doch, als ob ich wage,
Da Unnennbares mich erfreut.

Mit Todesqualen hat gerungen
Die Seligkeit von Ewigkeit;
Gleich Sündern hat das Graun bezwungen
Die ewige Vollkommenheit.

Mein Gott, was konnte dich bewegen
Zu dieser grenzenlosen Huld?
Ich darf nicht die Gedanken regen
Auf unsre unermeßne Schuld.

Ach, sind denn aller Menschen Seelen,
Wohl sonst ein überköstlich Gut,
Sind sie es wert, daß Gott sich quälen,
Ersterben muß in Angst und Glut?

Und sind nicht aller Menschen Seelen
Vor ihm nur eines Mundes Hauch
Und ganz befleckt von Schmach und Fehlen,
Wie ein getrübter, dunkler Rauch?

Mein Geist, o wolle nicht ergründen,
Was einmal unergründlich ist:
Der Stein des Falles harrt des Blinden,
Wenn er die Wege Gottes mißt.

Mein Jesus hat sie wert befunden
In Liebe und Gerechtigkeit;
Was will ich ferner noch erkunden?
Sein Wille bleibt in Ewigkeit.

So darf ich glauben und vertrauen
Auf meiner Seele Herrlichkeit,
So darf ich auf zum Himmel schauen
In meines Gottes Ähnlichkeit!

Ich soll mich freun an diesem Tage:
Ich freue mich, mein Jesu Christ!
Und wenn im Aug ich Tränen trage,
Du weißt doch, daß es Freude ist.

ERNST STADLER

Resurrectio

Flut, die in Nebeln steigt. Flut, die versinkt.
O Glück: das große Wasser, das mein Leben
      überschwemmte, sinkt, ertrinkt.
Schon wollen Hügel vor. Schon bricht gesänftigt aus
      geklärten Strudeln Fels und Land.
Bald wehen Birkenwimpel über windgesträhltem
      Strand.
O langes Dunkel. Stumme Fahrten zwischen Wolke,
      Nacht und Meer.

Nun wird die Erde neu. Nun gibt der Himmel aller
    Formen zarten Umriß her.
Herzlicht von Sonne, das sich noch auf gelben Wellen
    bäumt –
Bald kommt die Stunde, wo dein Gold in grünen
    Frühlingsmulden schäumt –
Schon tanzt im Feuerbogen, den der Morgen übern
    Himmel schlägt,
Die Taube, die im Mund das Ölblatt der Verheißung
    trägt.

LEO TOLSTOI

Die Kerze

> Ihr habt gehört, daß da gesagt ist:
> Auge um Auge und Zahn um Zahn.
> Ich aber sage euch:
> Widerstehet nicht dem Bösen.
>
> *Matth. 5,38/39*

Es war damals, als es in Rußland noch Herren und Leib-
eigene gab. Verschiedener Art waren die Herren: Die einen, fromm und gottesfürchtig, dachten an ihre letzte
Stunde und behandelten ihre Bauern milde und gerecht,
andere aber waren ärger als böse Kettenhunde – Gott
verzeih mir die Sünde! Nichts aber konnte schlimmer
sein, als wenn einem Leibeigenen Macht über seinesglei-
chen gegeben wurde, die Hand eines solchen Menschen
lastete schwerer auf den Bauern als die eines richtigen
Gutsherrn.

Da gab es einmal, irgendwo im weiten Rußland, ein Gut, einem Adligen gehörte es. Die Bauern waren in der Fron. Land gab es zur Genüge, guten Acker, Wasser, Wiesen, Wälder; von allem reichte es für den Herrn und für die Bauern; da holte sich aber der Gutsherr von einem seiner anderen Güter einen Leibeigenen und setzte ihn hier als Verwalter ein. Der packte die Macht mit derben Fäusten und setzte sich wie ein Nachtmahr den Bauern in den Nacken. Eigentlich hätte man meinen sollen, die Bauern würden mit ihm ein leichteres Leben haben, war er doch selber Familienvater und hatte sich auch Geld genug zusammengespart; doch war sein Herz voller Habgier und tief in Sünde verstrickt, und so begann er, die Bauern wider Recht und Herkommen auch außerhalb der festgesetzten Zeit zur Fronarbeit zu treiben. Er richtete eine Ziegelei ein. Männer und Frauen kamen bei der schweren Arbeit um, er aber verkaufte die Ziegel und wurde reich dabei.

Da gingen ein paar Bauern zu ihrem Gutsherrn nach Moskau und führten dort Klage gegen den Verwalter. Der Herr hörte sie kaum an, schickte sie heim und ließ dem Verwalter weiter freie Hand. Natürlich hörte auch der bald davon, daß sich die Bauern bei ihrem Herrn beschwert hätten, er begann es ihnen heimzuzahlen, und noch drückender lastete seine Hand auf den Bauern. Bald fand er unter ihnen auch Helfershelfer, falsche, treulose Menschen, die ihr eigenes Blut dem Verwalter verrieten.

Von einem Tag zum anderen wurde es ärger, und schließlich war es so weit, daß man den Verwalter wie ein wildes Tier fürchtete. Fuhr er durch das Dorf, dann flüchtete alles vor ihm wie vor einem bösen Wolf, jeder verkroch sich, um ihm nicht vor die Augen zu kommen.

Der Verwalter merkte das bald genug und erboste sich noch mehr darüber, als er sah, wie sehr sich alle Welt vor ihm fürchtete. Immer ärger plagte er die rechtgläubige Christenheit, immer mehr Arbeit gab es, dazu Schläge bei jeder Gelegenheit, und keiner konnte ein Ende dieser Qual absehen.

Nun war es mancherorts vorgekommen, daß sich die Bauern von solchen Bösewichtern, wie der Verwalter einer war, zu befreien wußten. Es dauerte nicht lange, da wurde auch bei uns davon gesprochen. Glaubten sich die Bauern sicher und unbelauscht, dann sagten es die Mutigeren frei heraus: »Wie lange sollen wir es noch dulden, daß dieser Bösewicht uns schindet! Gewiß, einen jeden von uns wird der Herrgott richten, doch unmöglich kann es Sünde sein, einen solchen Menschen umzubringen.«

Einmal, es war kurz vor Ostern, hatten die Bauern im herrschaftlichen Wald zu arbeiten. Zur Mittagszeit versammelten sie sich, und wieder ging das Gerede los:

»So kann es nicht länger bleiben! Der Mensch richtet uns ja zugrunde. Weder bei Tage noch bei Nacht gibt er uns Ruhe, uns nicht und unseren Frauen auch nicht; halb zu Tode hat er uns schon gequält, und paßt ihm etwas nicht, dann kannst du dich gleich auf eine Tracht Prügel gefaßt machen. Den Ssemjon hat er peitschen lassen, bis der seinen Geist aufgab, und was hat auch der Anissim im Block erdulden müssen! Worauf wollen wir noch warten? Heute abend kommt er hierher; ist ihm dann wieder das und jenes nicht recht, dann zerren wir ihn vom Pferd herab, ein Schlag mit dem Beil, und alles ist zu Ende! Wie einen Hund verscharren wir ihn im Wald, und kein Hahn kräht mehr danach. Nur eines ist nötig: Zusammenhalten müssen wir, keiner darf den anderen verraten.«

Wassili Minajew war es, der so sprach. Mehr als alle anderen haßte er den Verwalter. Er hatte auch allen Grund dazu, denn es verging kaum eine Woche, ohne daß er auf des Verwalters Geheiß ausgepeitscht wurde, und zu alledem hatte ihm der auch noch seine Frau genommen. Als Köchin diente sie bei ihm.

Am Abend kam der Verwalter geritten. Schon von weitem hörte man ihn schimpfen und schreien:

»Habe ich euch befohlen, die Linde zu fällen? Wer hat es getan? Antwort! Schnell! Sonst lasse ich jeden von euch peitschen!«

Sie schwiegen, doch als er endlich fragte, in wessen Reihe die Linde gestanden hatte, da zeigten sie auf den Ssidor. Schon traf diesen die Faust des Verwalters mitten ins Gesicht, daß ihm das Blut herunterfloß. Auch Wassili bekam mit der Peitsche sein Teil ab, weil sein Reisighaufen zu klein sei. Dann ritt der Verwalter heim.

Als die Bauern wieder allein waren, sagte Wassili:

»Was seid ihr schon für ein Volk! Spatzen seid ihr, keine Menschen! Ja, im Schreien, da seid ihr groß! ›Alle für einen, alle für einen‹, ist es aber einmal so weit, dann zieht ihr die Köpfe ein. Wie war es doch, als die Spatzen gegen den Habicht zu Felde zogen? Auch sie tschilpten um die Wette ›Alle für einen, alle für einen‹, kaum aber war der Habicht da, da waren die Spatzen verschwunden, saßen in den Brennesseln und ließen es geschehen, daß der Habicht den packte, den er haben wollte. Kaum aber war der Habicht weg, da waren auch die Spatzen wieder da: ›Tschilp, tschilp! Es fehlt einer! Wer fehlt! Wanjka? Geschieht ihm recht, zu nichts war er nutze!‹ Seid ihr etwa anders? Wenn ihr schon schreit: ›Alle für einen, alle für einen‹, dann haltet auch daran fest! Als er auf den Ssidor einschlug, hätte man ein Ende machen sollen! Aber auch ihr schreit ja bloß, kommt er aber angeritten, da zieht jeder von euch den Kopf ein.«

Doch begannen die Bauern immer häufiger von der Sache zu reden, und schließlich waren sie entschlossen, mit dem Verwalter ein Ende zu machen.

Als die Karwoche gekommen war, ließ der Verwalter sagen, die Bauern sollten sich bereit halten, in der Osterwoche das herrschaftliche Haferfeld umzupflügen. Die Bauern fühlten sich um ihr gutes Recht betrogen und begannen zu murren:

»So weit hat er schon Gott und sein Gebot vergessen, daß er eine solche Sünde von uns verlangt. Jetzt sollte man ihn wirklich erschlagen. Tun wir es nicht, gehen wir ganz zugrunde.«

Auch Peter Michejew war gekommen, doch – still und friedfertig wie er war – konnte er damit nicht einverstanden sein, was die aufsässigen Bauern planten. Lange hörte er sich an, was die anderen redeten, dann sagte er:

»Eine große Sünde habt ihr im Sinn, liebe Brüder! Einen Menschen umzubringen ist nicht schwer, was tut ihr aber damit eurer Seele an? Ins Verderben bringt ihr sie damit! Gewiß tut der Verwalter Böses, nun, Böses wird er auch erleiden müssen. Uns aber kommt es zu, Geduld zu haben und das zu tragen, was uns auferlegt wird. So denke ich darüber, liebe Brüder!«

Ärgerlich fuhr Wassili auf:

»Immer schwatzst du dasselbe: Sünde, Sünde! Natürlich ist es Sünde, einen Menschen zu töten. Aber was ist denn der Verwalter für ein Mensch! Töte ich einen guten Menschen, dann begehe ich eine schwere Sünde, aber so ein Vieh umzubringen, das befiehlt uns Gott selbst. Auch einen tollen Hund wirst du erschlagen um der Menschen willen. Nein, wir sündigen nur, wenn wir diesen Bösewicht am Leben lassen. Wieviel Menschen wird er noch zugrunde richten? Und sollen wir auch dafür leiden, daß wir ihn erschlagen, dann leiden wir um der Menschen willen, die werden uns schon dafür Dank wissen. Halten wir aber still, dann wird er uns alle zertreten. Glaubst du etwa, es ist keine Sünde, an Christi Feiertag zu arbeiten? Du wirst als erster nicht zur Arbeit gehen!«

»Aber natürlich werde ich arbeiten! Befiehlt er mir zu pflügen, dann werde ich pflügen, ich tue es ja nicht um meines eigenen Vorteils willen. Gott aber weiß, wessen Sünde das ist. Nur ihn und sein Gebot dürfen wir nicht vergessen, liebe Brüder, denn was ich euch sage, das sind ja nicht meine eigenen Gedanken. Hätte uns Gott befohlen, das Böse in der Welt dadurch zu vertreiben, daß wir selber Böses tun, dann würde es auch in der Schrift verzeichnet sein, dort aber lesen wir es anders. Fängst du erst an, Gewalt anzuwenden, auch wenn es Gewalt wider das Böse ist, dann geht das Böse in dich ein. Einen Menschen umzubringen ist nicht schwer, doch deine Seele ist es, die durch das vergossene Blut befleckt wird. Du meinst, du hättest die Welt von einem bösen Menschen befreit, glaubst, etwas Böses vernichtet zu haben, und merkst nicht, wie du in dir selbst mehr Böses geschaffen hast, als vorher in der Welt war. Beuge dich vor dem Bösen, dann wird sich das Böse vor dir beugen!«

Und so kamen die Bauern wieder zu keinem Entschluß. Die einen waren eines Sinnes mit dem Wassili, die anderen standen zu den Worten des Peter Michejew.

Am Ostersonntag ruhte im Dorf jede Arbeit, und die Bauern feierten die Auferstehung des Herrn; am Abend jedoch ging der Starost mit den Schreibern von Haus zu Haus und sagte:

»Michail Ssemjonytsch, der Verwalter, befiehlt, morgen früh das herrschaftliche Haferfeld zu pflügen.«

Die Bauern klagten und murrten, doch wagte keiner den Gehorsam zu verweigern, und alle fuhren sie am nächsten Morgen auf das Feld hinaus. Von der Kirche hallt festliches Geläute, die Glocken rufen zur Ostermesse, alle Welt begeht den hohen Feiertag, die Bauern aber pflügen.

Als Michail Ssemjonytsch, der Verwalter, erwachte, war es nicht mehr früh am Tage. Er brach zu seinem gewohnten Rundgang auf, während seine Frau und seine verwitwete Tochter, festlich angezogen, zur Kirche fuhren. Zurückgekehrt, ließen sie die Magd den Samowar richten, und da inzwischen auch Michail Ssemjonytsch heimgekommen war, setzten sich alle zusammen an den Frühstückstisch. Nach dem Tee steckte sich Michail Ssemjonytsch, satt vom vielen Essen und Trinken, eine Pfeife an und ließ den Starost kommen:

»Hast du die Bauern zum Pflügen geschickt?«

»Ich habe es getan, Michail Ssemjonytsch.«

»Sind alle draußen?«

»Alle sind sie draußen, ich selbst habe ihnen die Plätze angewiesen.«

»So, so, du hast ihnen die Plätze angewiesen! Bist du aber auch sicher, daß sie wirklich pflügen? Fahr aufs Feld hinaus und sage den Bauern, daß ich nach dem Mittagessen hinkäme. Auf je zwei Mann kommt eine Deßjatine! Sie sollen nur ja gut arbeiten, hörst du? Finde ich etwas auszusetzen, dann kenne ich auch am Feiertag keine Nachsicht!«

»Es ist alles euer Wille, Michail Ssemjonytsch.«

Mit diesen Worten wandte sich der Starost zur Tür, doch hielt ihn Michail Ssemjonytsch zurück. Er will noch etwas sagen und weiß nicht, wie er es tun soll. Schließlich beginnt er zögernd:

»Hör mal, ich habe da noch etwas! Horch dich mal um, was diese Schufte von mir reden, und erzähle es mir nachher, wer über mich schimpft und was er sagt. Ich kenne sie, diese Hunde! Arbeiten wollen sie nicht, aber auf der Ofenbank liegen und unserm Herrgott die Zeit stehlen, das verstehen sie. Fressen und Saufen, das ist ihre Sache, aber daß man zur rechten Zeit pflügen muß, um nichts zu versäumen, daran denken sie nicht. Hör nur genau hin, was sie schwatzen, und sage mir alles, jedes Wort! Geh jetzt und paß auf, daß du mir nichts verschweigst!«

Der Starost ging hinaus, setzte sich aufs Pferd und ritt aufs Feld hinaus.

Die Frau des Verwalters hatte alles gehört, was ihr Mann mit dem Staroste geredet hatte. Sie kam zur Tür herein und begann für die Bauern zu bitten, denn sie war eine stille, gutherzige Frau und stand für die Bauern ein, wo sie nur konnte.

»Mein lieber Mischenka«, sagte sie, »versündige dich nicht an diesem hohen Festtag. Um Christi willen bitte ich dich, schick die Bauern heim, es ist doch Ostern!«

Michail Ssemjonytsch lachte nur über die Worte seiner Frau:

»Es ist wohl schon lange her, daß du die Peitsche gekostet hast. Kühn bist du geworden, mischst dich in Sachen, die dich nichts angehen.«

»Mischenka, lieber Freund, mir hat schlecht von dir geträumt. Hör auf mich, schick die Bauern nach Hause!«

»Und ich sage dir, Alte, daß du wohl zuviel Fett angesetzt hast, du glaubst wohl, die Peitsche greift da nicht durch? Paß nur auf!«

Voller Zorn stieß der Verwalter seiner Frau die brennende Pfeife in die Zähne, jagte sie zur Stube hinaus und rief nach dem Mittagessen. Er speist ausgiebig, kostet von der Sülze, nimmt sich Piroggen zur Kohlsuppe mit Schweinefleisch, ißt vom gebratenen Ferkel, dann Milchnudeln, und beschließt das Essen mit süßem Kuchen und Kirschlikör. Mit dem Essen fertig, ruft er nach der Köchin und befiehlt ihr, ihm vorzusingen, er selber aber nimmt seine Gitarre zur Hand und begleitet sie.

So sitzt Michail Ssemjonytsch da, fröhlich und guter Laune, rülpst, klimpert auf den Saiten herum und schäkert mit der Köchin. Da tritt der Starost zur Tür herein, verneigt sich und beginnt zu erzählen, was er auf dem Feld gesehen hat.

»Nun, was gibt's? Pflügt die faule Bande? Sind sie bald fertig?«

»Schon mehr als die Hälfte haben sie geschafft.«

»Ohne Fehler?«

»Ich habe keinen gesehen. Sie pflügen gut, zittern vor Angst.«

»Ist die Erde auch locker genug?«

»Die Erde ist weich, bröckelt wie Mohn.«

Der Verwalter schwieg eine kurze Weile, dann fuhr er fort:

»Nun, und was reden sie von mir, sie schimpfen wohl gewaltig?«

Der Starost will nicht mit der Sprache heraus, doch läßt der Verwalter nicht locker:

»Los, los! Erzähle nur, was du weißt! Das sind ja ihre Worte, die du aussprichst, nicht die deinen. Sagst du mir die Wahrheit, dann werde ich dich belohnen, deckst du sie aber, nun, dann sei mir nicht böse, Brüderchen, dann lasse ich dich auspeitschen. He, Katjuscha! Gib dem Starosten ein Glas Wodka, damit er seine Schüchternheit verliert!«

Die Köchin reicht dem Starosten einen Schnaps. Der Starost wünscht alles Gute zum hohen Feiertag, trinkt das Glas leer, wischt den Mund und beginnt zu reden.

»Es ist schon alles eins«, denkt er, »nicht meine Schuld ist es, wenn die Bauern ihn nicht loben; befiehlt er mir zu reden, dann soll er mal die Wahrheit hören.«

»Sie murren, Michail Ssemjonytsch, murren tun sie.«

»Ja, was reden sie denn? So erzähl doch schon!«

»Eines sagen sie: Er glaubt nicht an Gott.«

Der Verwalter lachte:

»Wer hat das gesagt?« fragt er.

»Ja, alle sagen es, sie sagen auch, er hat sich dem Bösen unterworfen.«

Wieder lachte der Verwalter. »Das ist nicht schlecht«, meint er. »Nun aber will ich wissen, was jeder einzelne von mir schwatzt. Was sagt da zum Beispiel der Waßjka?«

Nun wollte der Starost bestimmt nichts gegen die Bauern sagen, die ihm nahestanden, doch mit dem Wassili war er schon seit langem spinnefeind, und so redete er denn ohne Hemmungen weiter:

»Wassili schimpft am ärgsten von allen.«

»Ja, was sagt er denn schon? Rede doch nicht so herum!«

»Die Zunge sträubt sich, alles das auszusprechen, was er sagt. Ihr werdet noch eines plötzlichen Todes sterben, meint er, ohne Beichte und ohne Beistand.«

»Ei, das ist mir ein tüchtiger Bursche! Worauf wartet er denn, warum bringt er mich nicht um? Seine Arme sind wohl zu kurz. Gut, gut, mein lieber Waßjka, ich werde es dir schon heimzahlen! Na, und Tischka, das ist wohl auch so ein Hund?«

»Alle reden sie böse, alle!«

»Drück dich nicht herum, ich will es genau wissen!«

»Widerlich ist es, ich mag es nicht wiederholen.«

»Was heißt schon widerlich, sei doch nicht so schüchtern!«

»Ja, sie sagen, der Wanst möge ihm platzen und das Gedärme ausfließen.«

Da schüttelte sich Michail Ssemjonytsch vor Lachen.

»Nun, wir wollen doch sehen, wem die Gedärme früher ausfließen. Wer redet denn so, der Tischka?«

»Niemand sagt ein freundliches Wort, Michail Ssemjonytsch, alle murren sie, alle drohen.«

»Nun, und was tut Petruschka Michejew? Was redet der? Der schimpft wohl auch gewaltig, das Mistvieh?«

»Nein, Michail Ssemjonytsch, Peter schimpft nicht.«

»Was tut er denn?«

»Er ist der einzige, der nichts gesagt hat. Ein seltsamer Mann ist das. Ich habe mich sehr über ihn gewundert, Michail Ssemjonytsch.«

»Wieso?«

»Ja, darüber, was er getan hat. Alle wundern sich darüber.«

»Was hat er denn angestellt?«

»Ich weiß gar nicht, wie ich es erzählen soll, so seltsam ist das alles. Ich reite zu ihm hin – er pflügt die schiefe Deßjatine am Türkenberg. Schon von ferne höre ich, es singt jemand, so schön, so künstlerisch, und am Pflug leuchtet etwas zwischen den Deichseln.«

»Und weiter?«

»Es leuchtet wie ein Feuer. Wie ich näher komme, sehe ich, eine Wachskerze um fünf Kopeken hat er am

Querholz befestigt, die brennt hell und flackert nicht im Wind. Er aber geht im sauberen Hemd hinter dem Pflug, arbeitet und singt. Die Kerze aber verlöscht auch dann nicht, wenn er den Pflug wendet und die Erde vom Pflug abschüttelt.«

»Hat er etwas zu dir gesagt?«

»Als er mich sah, tauschte er mit mir den Osterkuß und sang dann weiter.«

»Und was habt ihr miteinander geredet?«

»Ich habe nichts gesagt, aber als die anderen Bauern hinkamen, lachten sie über ihn. Sein Leben lang wird er es nicht büßen, sagten sie, daß er in der heiligen Osterwoche gepflügt hat.«

»Und was gab er ihnen zur Antwort?«

»Er sagte nur: ›Friede auf Erden und den Menschen ein Wohlgefallen!‹ Dann packte er den Pflug, trieb sein Pferd an und begann mit dünner Stimme zu singen. Die Kerze aber brannte ruhig im Wind und flackerte nicht.«

Da hörte der Verwalter auf zu lachen, legte seine Gitarre hin und versank in tiefes Brüten.

So saß er eine ganze Weile, dann hieß er die Köchin gehen und schickte auch den Starost fort, legte sich hinter den Vorhang auf sein Bett und begann zu ächzen und zu stöhnen. Es klang aber nicht anders, als wenn ein Wagen, schwer mit Garben beladen, die Dorfstraße entlangfährt. Die Frau des Verwalters kam gelaufen und fragte ihn, was ihm fehle. Aber er gab keine Antwort darauf und sagte nur:

»Besiegt hat er mich! Jetzt ist die Reihe an mir!«

Die Frau redete ihm gut zu:

»Fahr doch aufs Feld hinaus und laß die Bauern endlich heimgehen. Vielleicht geht das Unglück vorüber. Du kanntest doch sonst keine Angst, wovor fürchtest du dich denn jetzt?«

»Ich bin verloren«, war das einzige, was der Verwalter sagte, »er hat mich besiegt.«

Die Frau verlor die Geduld:

»Was schwatzst du immer dasselbe: ›besiegt, besiegt‹! Fahr besser hin und gib die Bauern frei, dann wird schon nichts geschehen. Los, mach dich fertig! Ich lasse dein Pferd satteln.«

Endlich hatte sie ihren Mann so weit, daß er die Bauern nach Hause schicken wollte.

Michail Ssemjonytsch bestieg sein Pferd und ritt durch das Tor, das ihm ein Weib öffnete, auf die Dorfstraße hinaus. Kaum hatte man ihn dort erblickt, da war auch im Handumdrehen die Straße leer. Alles flüchtete vor ihm, der eine in den Hof, der andere hinter eine Hausecke, der dritte in den Gemüsegarten.

So ritt der Verwalter durch das menschenleere Dorf zum zweiten Tor, das ins freie Feld führte. Dieses Tor aber war verschlossen, und vom Pferd aus konnte es der Verwalter nicht öffnen. Da auf all sein Rufen keine Menschenseele erschien, mußte er sich bequemen, vom Pferd zu steigen, um selber das Tor zu öffnen. Als er sich wieder aufs Pferd schwingen wollte – einen Fuß hatte er schon im Steigbügel und wollte gerade sein Bein hinüberwerfen –, da scheute sein Pferd vor einem Schwein und drängte sich erschreckt an den Zaun heran. Der Verwalter, dick und schwer wie er war, verlor das Gleichgewicht und fiel auf den Zaun. Nur einen einzigen spitzen Pfahl gab es dort, und gerade dieser war höher als die anderen. Auf ihn fiel der Verwalter, schlitzte sich den Bauch auf und sank zur Erde nieder.

Als die Bauern vom Pflügen heimkamen, schnaubten ihre Pferde vor dem Tor und wollten nicht weiter. Die Bauern stiegen ab, nachzusehen, wovor die Tiere scheuten, und erblickten Michail Ssemjonytsch in einer Blutlache am Boden. Die Arme hatte er ausgebreitet, und seine Augen waren starr. Die Erde aber hatte sein Blut nicht aufgenommen.

Zu Tode erschrocken, führten die Bauern ihre Pferde über die Hinterhöfe heim. Nur Peter Michejew ging an den toten Verwalter heran und drückte ihm die Augen zu. Dann luden er und sein Sohn den Leib des Toten auf ihren Wagen und brachten ihn zum Herrenhaus.

Als der Gutsherr erfuhr, was sich zugetragen hatte, suchte er die Schuld des Verwalters gutzumachen und entließ die Bauern aus der Fron.

Da verstanden die Bauern, daß Gottes Kraft nur in dem ist, der durch Güte das Böse zu bezwingen sucht.

NOVALIS

Hymne an die Nacht

Nur wenige Tage
Hing ein tiefer Schleier
Über das brausende Meer – über das finstre
                  bebende Land
Unzählige Tränen
Weinten die Geliebten.
Entsiegelt ward das Geheimnis
Himmlische Geister hoben
Den uralten Stein
Vom dunklen Grabe –
Engel saßen bei dem Schlummernden,
Lieblicher Träume

Zartes Sinnbild.
Er stieg in neuer Götterherrlichkeit
Erwacht auf die Höhe
Der verjüngten, neugebornen Welt
Begrub mit eigner Hand
Die alte mit ihm gestorbne Welt
In die verlaßne Höhle
Und legte mit allmächtiger Kraft
Den Stein, den keine Macht erhebt, darauf.
Noch weinen deine Lieben
Tränen der Freude
Tränen der Rührung
Und des unendlichen Danks
An deinem Grabe –

RAINER MARIA RILKE

Der Auferstandene

Er vermochte niemals bis zuletzt
ihr zu weigern oder abzuneinen,
daß sie ihrer Liebe sich berühme;
und sie sank ans Kreuz in dem Kostüme
eines Schmerzes, welches ganz besetzt
war mit ihrer Liebe größten Steinen.

Aber da sie dann, um ihn zu salben,
an das Grab kam, Tränen im Gesicht,
war er auferstanden ihrethalben,
daß er seliger ihr sage: Nicht –

Sie begriff es erst in ihrer Höhle,
wie er ihr, gestärkt durch seinen Tod,
endlich das Erleichternde der Öle
Und der Rührens Vorgefühl verbot,

um aus ihr die Liebende zu formen,
die sich nicht mehr zum Geliebten neigt,
weil sie, hingerissen von enormen
Stürmen, seine Stimme übersteigt.

WLADIMIR DAL

Das Osterfest

Dem Reichen geht es überall gut, dem Armen überall
schlecht; nur im Märchen trifft der arme Schlucker es
besser als der reiche Geldsack. Nun, wenn die guten
Menschen den Armen schon nicht helfen, so haben sie
sich wenigstens schöne Geschichten über sie ausgedacht,
und dafür sei ihnen Dank. Hört also zu, ich will euch ein
solches Märchen erzählen.

In der Ukraine gibt es gar vielerlei christliche Bräuche,
die den Menschen beim Leben und Altwerden und Sterben begleiten. Einer dieser Bräuche – kennt ihr ihn
nicht, muß ich ihn erst einmal schildern, kennt ihr ihn
schon, werdet ihr's mir nicht verdenken – also, in der
Ukraine gibt es den Brauch, daß in der Osternacht das
Feuer niemals ganz ausgemacht wird. In jedem Haus

läßt man unter der Asche noch Brand glimmen, die ganze Nacht, damit man was hat, woran das Kerzchen vorm Heiligenbild angezündet werden kann, wenn alles von der Ostermette zurückkehrt. Wieder einmal war das langersehnte Osterfest gekommen, die Hausfrauen hatten am Karsamstag gebacken, gesotten, gebraten, damit man was hat, woran die eignen Leute wie auch ein hereingeschneiter Gast sich nach der langen Fastenzeit gütlich tun können. Wieder einmal standen die Osterbrote, Kulitsch heißen sie, die Spanferkel und die gebackenen Puter in zwei Reihen über den Kirchplatz, vom Tor bis zur Kirchentür. Und alle Leute waren festlich gewandet und sahen frohgestimmt dem Auferstehungsfest entgegen.

In diesem Dorf lebte ein armer Mann, der war – weiß der Herrgott, warum – in Haus und Hof von Pech verfolgt. Ein Faulenzer war er nicht, ein Trunkenbold auch nicht, sondern ein guter, arbeitsamer Mensch, und dennoch hatte er nichts als Pech. Nicht nur, daß ihm sein ganzes Viehzeug einging und wegkam, daß er zweimal abbrannte – da muß ihm auch noch sein armes Weib sterben und eine Hütte voller Kinder zurücklassen. So war er denn Witwer und bettelarm noch dazu. Keine Dirn, keine Witwe, die ihn zum Mann nehmen würde; die Kinder ohne Aufsicht, die Frau im Haus fehlt, und so nahm die Not überhand. Welcher Mann wird schon allein fertig, ohne Frau, das ist doch kein Leben! Im Haus kommt er nicht rum, auf dem Acker auch nicht, und die Kinder können sehen, wo sie bleiben. So war er denn gänzlich verarmt und hatte an dem Feiertag nichts zu feiern. Nichts war bereitet, weder Osterbrot noch Spanferkel; was hätte er auch bereiten sollen, wo schon die ganze Fastenzeit im Ofen kein Feuer gebrannt hatte:

zu verfeuern hatten sie nichts, und warmzumachen auch nichts.

Während der ganzen Ostermette stand der arme Mann in der Kirche und betete inbrünstig. Danach tauschte er mit jedem den Osterkuß, und die Leute gaben ihm reichlich: hier eine Scheibe Osterbrot, da ein rotes Osterei. Wie freute er sich, daß seine Kinder was zum Auferstehungsmahl hatten! Er ging nach Haus, legte alles auf den Tisch, holte hinterm Heiligenbild das Kerzchen hervor, wollte es anstecken, sich dreimal bekreuzigen und die Kinder wecken. Da fiel ihm ein – er hatte ja kein Feuer, und draußen war noch finstere Nacht. Wie er sich erinnert, daß die guten Menschen für diesen Tag Glut aufheben, auch eine Kerze, oder das Öllämpchen wird nicht gelöscht, da kommen ihm die früheren Zeiten in den Sinn, als er auch nicht schlechter lebte als andre Leute und eignen Brand im Haus hatte. Sei's drum, Gott hat es so gewollt.

Er ging zum Nachbarn und entbot ihm den Ostergruß: »Christus ist auferstanden!« – »Er ist wahrhaft auferstanden!« – »Gebt mir Brand, gute Leute, damit ich das Kerzchen anzünden kann!« – »Hör sich das einer an! Hat das Osterfest vergessen, will sich außer Haus Brand besorgen! Geh heim, in Gottes Namen, heut hat jeder eignen Brand im Haus, und keinem steht der Kopf nach dir. Hast du wirklich nicht vorgesorgt?« So ging er, der arme Tropf, zum nächsten Bauern; dort lachten ihn die Frauen und Mädchen aus, weil er an solch einem Tag um Feuer von Hof zu Hof zog, und jagten ihn fort. Er drauf zum dritten Hof, zum vierten – überall das gleiche, überall wird der Tisch gedeckt, jeder hat zu tun und kann den armen Mann nicht gebrauchen. Die einen lachen ihn aus, andre schelten ihn gar und jagen ihn davon. »Zieh deines Wegs«, heißt es, »nach dir steht uns grad der Kopf, hol dir doch Brand auf dem Feld draußen, bei den Kärrnern, da kriegst du was.«

Zu guter Letzt brach mein armer Mann in Tränen aus und dachte: ›Mein Gott! Was müssen die Leute mich auch noch kränken? Sie kennen mich doch, bin kein Dieb, kein Trunkenbold, Not und Elend sind über mich hereingebrochen, weiß selbst nicht, wofür und woher, aber sie treiben noch obendrein ihren Spott mit mir ... Haben wohl selber nie Not gekannt ... Gott wird ihnen verzeihen. Daß wir seit der Butterwoche kein Krümchen mehr im Haus hatten, kein einziges Mahl bereiten konnten, darnach fragen sie nichts. Statt dessen halten sie mir als Sünde vor, daß ich kein eignes Feuer habe.‹

Bei diesen Gedanken stand der arme Schlucker mitten auf der Straße am Dorfausgang und wußte nicht, was tun, wohin sich wenden. Er blickte aufs freie Feld hinaus, da sah er einen Feuerschein. ›Fürwahr‹, dachte er, ›ich geh mir draußen bei den Kärrnern Feuer holen, bleibt mir ja nichts andres mehr übrig. Wenigstens die Kärrner sagen wohl nicht nein, und sind es ja auch nur Kärrner. Auf denn! In dieser Nacht sollen meine Heiligenbilder nicht ohne Kerzchen bleiben und meine Hütte nicht ohne Licht, es täte mir leid um die Kinder. Wie hell es aus allen Hütten leuchtet, eine Freude, die Straße hinabzuschauen!«

So ging er zum Dorf hinaus und hielt geradewegs auf das Feuer zu. Tatsächlich, da lagerten Kärrner; auch sie gedachten des Feiertags, gleichwohl sie ihn auf freiem Feld begingen. In festtäglichen Kapuzenmänteln und Kitteln saßen sie um das Feuer herum, offenbar waren auch sie erst vor kurzem von der Ostermette zurückgekehrt. »Christus ist auferstanden!« – »Er ist wahrhaft auferstanden!« – »Gebt mir Brand, gute Leute!« – »Herzlich gern, doch worin trägst du ihn fort?« – »So laßt mich wenigstens mein Kerzchen anzünden!« – »Das bringst du nicht bis zum Dorf. Im Feld geht ein Wind, der bläst es aus. Halt den Schoß deines Kittels hin, wir schütten dir Brand auf den Kittelschoß.« Ohne lange zu zögern, hielt der Mann den Kittelschoß hin, und die Kärrner scharrten Glut zusammen, mit den bloßen Händen, und schütteten sie auf seinen Kittel. »Geh mit Gott und fürchte dich nicht, du bringst sie wohlbehalten heim.«

Was unser Mann sich dabei dachte, als er die Glut auf den Kittel nahm, das weiß ich nicht; aber da er ein einfacher und gottesfürchtiger Mensch war, der nie einen andern getrogen hatte, verwahrte er sein Kerzchen an der Brust, raffte den Kittelschoß und zog von dannen. ›Wenn die Leute die Glut mit bloßen Händen zusammenscharren und hineinschütten, warum soll ich sie nicht im Kittelschoß bis nach Haus bringen?‹ Als er in seine Hütte trat, steckte er zuallererst das Kerzchen an, stellte es vor die Heiligenbilder, bekreuzigte sich dreimal auf Knien und erhob sich, um die milden Gaben aufzutischen und die Kinder zu wecken. Da fiel sein Blick auf die Platte vor dem Ofenloch, wo er die Glut aus dem Kittelschoß hingeschüttet hatte, und da lag statt der Glut ein Haufen Gold, lauter Tscherwonzen.

War das eine Freude für den armen Schlucker! Er begriff, das hatte ihm Gott gesandt; er betete abermals, richtete die Osterbrotscheiben und Ostereier her, die er bekommen hatte, als er mit den Dörflern den Osterkuß tauschte, er weckte die Kinder und hieß sie schnellstens sich waschen, ihr Gebet verrichten, mit dem Vater und untereinander den Osterkuß tauschen, sich zu Tisch setzen und das Auferstehungsmahl einnehmen.

Wie nun der Nachbar, der dem Armen kein Feuer gegeben hatte, entdeckte, daß es hell aus dessen Hütte leuchtete, kam er zum Fenster hineinschauen, was da vor sich gehe, und erblickte auf der Ofenplatte einen Haufen Tscherwonzen. Verwundert betrat er die Hütte und fragte den Armen aus, und dieser erzählte ihm ohne Hehl, wie alles gekommen war. Der Nachbar trat wieder auf die Straße, schaute in die Richtung, wohin der Arme gegangen war, und erblickte ebenfalls den Feuerschein. ›Warum nicht gar‹, dachte er, ›ich hol mir auch Goldstücke!‹ Und schritt davon.

Derweilen kam von einem andern Hof ein Bauernweib gelaufen, schaute ebenfalls beim armen Mann zum Fenster hinein, schlug die Hände zusammen und betrat die Hütte, um sich an den Tscherwonzen zu ergötzen, den Nachbarn auszufragen und gehörig zu beneiden. Als sie erfahren hatte, wie alles zugegangen war, lief sie nach Haus und machte ihrem Mann Beine, kaum daß er nach seiner Mütze greifen konnte: Er solle schleunigst zu den Kärrnern aufs Feld hinaus, denn weil Ostern sei, würden dort die Goldstücke gaufelweise verteilt. »Raff mir bloß genug zusammen«, schrie sie ihm hinterdrein, »sonst muß ich dich, wenn du heimkommst, noch am heiligen Feiertag ausschimpfen!«

Nachdem sie ihren Mann hinausgescheucht hatte, lief sie wieder zum Fenster des Armen, dann nach Haus, dann wieder nach draußen, um nachzuschauen, ob bei den Kärrnern noch Feuerschein leuchte. Die Nachbarinnen sahen sie und fragten, was los sei; erst hatte sie ja schweigen wollen, damit die andern keine Tscherwonzen abbekämen, damit sie alles allein einheimse, aber sie hielt es nicht aus, erzählte alles und rannte gar im ganzen Dorf herum und führte alle zum Fenster des armen Schluckers, zeigte die Goldstücke und erzählte, welch ein Glück Gott diesem Menschen geschickt habe und wo es zu holen sei. Und alle Bauernweiber machten ihren Männern Beine, jagten sie zu den Kärrnern aufs Feld hinaus, damit sie möglichst viel Gold zusammenrafften und im Kittelschoß heimbrächten.

Wie nun die Bauern in großer Schar hinauszogen, trafen sie den Nachbarn, der als erster gegangen war. »Hast du was gekriegt?« – »Und wie, zwei Gaufeln haben sie mir hineingeschüttet.« – »Warte, Bruder, lauf nicht davon, wir holen uns auch was, und dann wird zusammengeschüttet und aufgeteilt, damit keiner das Nachsehen hat: So haben wir als Dorfgemeinschaft beschlossen, schließ du dich nun nicht aus.« – »Meinetwegen«, sagte drauf der Nachbar, »wie ihr wollt.«

So kamen sie zu den Kärrnern, die immer noch gesittet um das Feuer herum saßen, zogen die Mützen, entboten den Ostergruß und baten um Brand. Die Kärrner schauten sie an, sagten aber kein Wort, außer daß sie jeden der Reihe nach den Kittelschoß hinhalten hießen und jedem eine Gaufel Glut hineinschütteten. »Eine reicht«, sagten sie, als die Bauern immer noch dastanden, als ob sie auf etwas warteten. »Nie habt ihr genug! Ihr seid zu so vielen gekommen, und es muß für alle langen.« Nun, da bedankten sich meine Bauern eben, und wie sie sahen, daß die Glut wie ein Kiesel im Kittelschoß lag und nicht brannte, freuten sie sich und schritten wacker aufs Dorf zu nach Haus.

Sie freuten sich, meine Bauern, aber nicht lange. Kaum hatten sie die Kärrner verlassen, da sagte einer: »Was stinkt hier bloß so verbrannt? Riech mal, als hätt’ wer zum Fest ein Schwein abgesengt.« – »Richtig, es stinkt«, sagte ein andrer – und tut einen Schrei, denn er hat die Hand unter den Kittelschoß gehalten und hat sich verbrannt, und raus mit der Glut aus dem Kittelschoß, runter mit dem Kittel von den Schultern und drauf herumgetrampelt, zum Löschen, und der nächste Bauer genauso, der dritte, der vierte ... Schreie, Lärm, Geflucke, sie fallen übereinander her, beschimpfen einander: Alle haben sich die neuen Kittel und Kapuzenmäntel versengt, mancher auch noch die Hände verbrannt; Rauch, Gestank, und die Kärrner, die sind verschwunden, wie vom Erdboden verschluckt: Ochsen, Fuhrwerke, Kärrner, Feuer – alles ist weg.

»Hab ich nicht recht gehabt«, sagte die Nachbarin des Armen, die als erste ihren Mann nach Brand ausgeschickt hatte, »hab ich nicht recht gehabt, du Trottel, muß ich dich noch am heiligen Feiertag ausschelten! Hast dir den neuen Kittel verbrannt – und was nun?«

Der arme Schlucker aber war mit seinen Tscherwonzen ein reicher Mann geworden. Er nahm sich eine brave Dirn zur Frau, die seinen Kindern eine gute Mutter wurde.

Was das wohl für Kärrner waren?

Ostermorgen

Die Lerche stieg am Ostermorgen
Empor ins klarste Luftgebiet,
Und schmettert' hoch im Blau verborgen
Ein freudig Auferstehungslied.
Und wie sie schmetterte, da klangen
Es tausend Stimmen nach im Feld:
Wach auf, das Alte ist vergangen,
Wach auf du froh verjüngte Welt!

Wacht auf und rauscht durchs Tal ihr Bronnen
Und lobt den Herrn mit frohem Schall!
Wacht auf im Frühlingsglanz der Sonnen
Ihr grünen Halm' und Läuber all!
Ihr Veilchen in den Waldesgründen;
Ihr Primeln weiß, ihr Blüten rot,
Ihr sollt es alle mitverkünden:
Die Lieb' ist stärker als der Tod.

Wacht auf ihr trägen Menschenherzen,
Die ihr im Winterschlafe säumt,
In dumpfen Lüften, dumpfen Schmerzen
Ein gottentfremdet Dasein träumt.
Die Kraft des Herrn weht durch die Lande
Wie Jugendhauch, o laßt sie ein!
Zerreißt wie Simson eure Bande,
Und wie die Adler sollt ihr sein.

Wacht auf ihr Geister, deren Sehnen
Gebrochen an den Gräbern steht,
Ihr trüben Augen, die vor Tränen
Ihr nicht des Frühlings Blüten seht!
Ihr Grübler, die ihr fern verloren
Traumwandelnd irrt auf wüster Bahn!
Wacht auf! Die Welt ist neugeboren.
Hier ist ein Wunder, nehmt es an!

Ihr sollt euch all des Heiles freuen,
Das über euch ergossen ward!
Es ist ein inniges Erneuen
Im Bild des Frühlings offenbart.
Was dürr war grünt im Wehn der Lüfte,
Jung wird das Alte fern und nah,
Der Odem Gottes sprengt die Grüfte –
Wacht auf! der Ostertag ist da.

JOSEPH VON EICHENDORFF

Ostern

Vom Münster Trauerglocken klingen,
Vom Tal ein Jauchzen schallt herauf.
Zur Ruh sie dort dem Toten singen,
Die Lerchen jubeln: Wache auf!
Mit Erde sie ihn still bedecken,
Das Grün aus allen Gräbern bricht,
Die Ströme hell durchs Land sich strecken,
Der Wald ernst wie in Träumen spricht,

Und bei den Klängen, Jauchzen, Trauern,
Soweit ins Land man schauen mag,
Es ist ein tiefes Frühlingsschauern
Als wie ein Auferstehungstag.

JOHANN WOLFGANG GOETHE

Osterspaziergang

Vom Eise befreit sind Strom und Bäche
Durch des Frühlings holden, belebenden Blick;
Im Tale grünet Hoffnungsglück;
Der alte Winter, in seiner Schwäche,
Zog sich in rauhe Berge zurück.
Von dorther sendet er, fliehend, nur
Ohnmächtige Schauer körnigen Eises
In Streifen über die grünende Flur;
Aber die Sonne duldet kein Weißes,
Überall regt sich Bildung und Streben,
Alles will sie mit Farben beleben;
Doch an Blumen fehlt's im Revier,
Sie nimmt geputzte Menschen dafür.
Kehre dich um, von diesen Höhen
Nach der Stadt zurückzusehen.
Aus dem hohlen finstern Tor
Dringt ein buntes Gewimmel hervor.
Jeder sonnt sich heute so gern.
Sie feiern die Auferstehung des Herrn,

Denn sie sind selber auferstanden,
Aus niedriger Häuser dumpfen Gemächern,
Aus Handwerks- und Gewerbesbanden,
Aus dem Druck von Giebeln und Dächern,
Aus der Straßen quetschender Enge,
Aus der Kirchen ehrwürdiger Nacht
Sind sie alle ans Licht gebracht.
Sieh nur, sieh! wie behend sich die Menge
Durch die Gärten und Felder zerschlägt,
Wie der Fluß, in Breit und Länge,
So manchen lustigen Nachen bewegt,
Und bis zum Sinken überladen
Entfernt sich dieser letzte Kahn.
Selbst von des Berges fernen Pfaden
Blinken uns farbige Kleider an.
Ich höre schon des Dorfs Getümmel,
Hier ist des Volkes wahrer Himmel,
Zufrieden jauchzet groß und klein:
Hier bin ich Mensch, hier darf ich's sein!

ANATOLE FRANCE

Der Christus aus dem Ozean

In jenem Jahre ertranken mehrere von den Männern, die aus Saint-Valéry zum Fischfang ausgefahren waren, im Meer. Man fand ihre von der Flut angespülten Leichname zusammen mit den Trümmern ihrer Boote am Strand, und neun Tage lang sah man auf der unebenen

Straße, die zur Kirche führt, mit den Händen getragene Särge, hinter denen weinend unter ihrem großen Umhang die Witwen gingen wie Frauen aus der Bibel.

So wurden auch der Schiffer Jean Lenoël und sein Sohn Désiré im großen Kirchenschiff aufgebahrt unter dem Gewölbe, an dem sie kurz zuvor als fromme Gabe für die Heilige Jungfrau einen Segler mit voller Takelage aufgehängt hatten. Sie waren gerechte und gottesfürchtige Männer gewesen. Und Herr Guillaume Truphème, der Pfarrer von Saint-Valéry, sagte nach der Absolution mit tränenerstickter Stimme:

»Niemals haben wir, damit sie dort das Gericht Gottes erwarten, so wackere Männer und gute Christen in die geweihte Erde gesenkt wie Jean Lenoël und seinen Sohn Désiré.«

Und während die Boote mit ihren Schiffern an der Küste verlorengingen, versanken große Fahrzeuge auf der offenen See, und es verging kein Tag, an dem der Ozean nicht ein Wrackstück an Land warf. Eines Tages nun entdeckten Kinder, die mit einem Segelboot unterwegs waren, eine Gestalt, die auf dem Meer lag. Es war ein Christus in Menschengröße, aus hartem Holz geschnitzt und in natürlichen Farben bemalt; es schien sich um eine alte Arbeit zu handeln. Der Herrgott schwamm mit ausgebreiteten Armen auf dem Wasser. Die Kinder zogen ihn an Bord und brachten ihn heim nach Saint-Valéry. Um seine Stirn lag die Dornenkrone, und seine Füße und Hände waren durchbohrt. Aber die Nägel fehlten, ebenso das Kreuz. Mit seinen noch zum Aufopfern und Segnen geöffneten Armen stellte er sich so dar, wie ihn Joseph von Arimathia und die heiligen Frauen gesehen hatten, als sie ihn in das Leichentuch hüllten.

Die Kinder übergaben ihn dem Herrn Pfarrer Truphème, der zu ihnen sagte:

»Dieses Bildnis des Heilands ist eine Arbeit von früher, und der es geschaffen hat, ist gewiß schon lange tot. Die Händler aus Amiens und Paris verkaufen zwar für hundert und noch mehr Franken wunderbare Statuen, aber man muß zugeben, daß die Handwerker von früher auch ihre Vorzüge hatten. Doch vor allem freue ich mich deswegen darüber, weil ich meine, daß Christus so mit ausgebreiteten Armen nach Saint-Valéry gekommen ist, weil er die grausam geprüfte Gemeinde segnen und zugleich verkünden will, daß er Mitleid hat mit den armen Leuten, die unter Lebensgefahr auf Fischfang gehen. Er ist der Gott, der auf den Wassern gegangen ist und die Netze des Petrus gesegnet hat.«

Und nachdem der Herr Pfarrer Truphème die Christusfigur in der Kirche auf das Tuch des Hauptaltars hatte niederlegen lassen, ging er hin und bestellte beim Zimmermann Lemerre ein schönes Kreuz aus massivem Eichenholz.

Als es fertig war, hängte man den Herrgott daran mit neuen Nägeln und richtete ihn im Kirchenschiff über der Kirchenvorsteherbank auf.

Da sah man erst, daß seine Augen voller Barmherzigkeit waren und gleichsam feucht von himmlischem Erbarmen.

Einer der Kirchenvorsteher, der dem Anbringen des Kruzifixes beiwohnte, glaubte Tränen über das göttliche Antlitz rinnen zu sehen. Als am anderen Morgen der Herr Pfarrer mit dem Ministranten die Kirche betrat, um seine Messe zu lesen, war er sehr überrascht, das Kreuz über der Vorsteherbank leer und die Christusfigur auf dem Altar liegend anzutreffen.

Sobald er das Meßopfer gefeiert hatte, ließ er den Zimmermann rufen und fragte ihn, warum er die Christusfigur von ihrem Kreuz abgenommen habe. Aber der Zimmermann antwortete, er habe sie nicht einmal berührt, und nachdem er den Kirchendiener und die Vorsteher befragt hatte, wußte Herr Truphème für gewiß, daß niemand die Kirche betreten hatte seit dem Augenblick, da der Herrgott auf seinen Platz über der Kirchenvorsteherbank gebracht worden war.

Da hatte er das Gefühl, diese Dinge hätten den Charakter eines Wunders, und er bedachte sie mit kluger Umsicht. Am folgenden Sonntag sprach er davon in der Predigt zu seinen Pfarrkindern und lud sie ein, durch ihre Gaben zur Aufrichtung eines neuen Kreuzes beizutragen, das schöner als das erste sein sollte und würdiger, den zu tragen, der die Welt erlöst hat.

Die armen Fischer von Saint-Valéry gaben so viel Geld, wie sie konnten, und die Witwen brachten ihren Ring. So konnte Herr Truphème sich bald darauf nach Abbeville begeben und ein herrlich schimmerndes Kreuz aus schwarzem Holz bestellen, über dem eine Tafel mit der Inschrift INRI in goldenen Lettern hing. Zwei Monate später befestigte man es an demselben Platz wie das erste und nagelte die Christusfigur darauf zwischen die Lanze und den Schwamm.

Aber Jesus verließ es ebenso wie das andere und legte sich noch in der Nacht auf den Altar.

Als der Herr Pfarrer ihn dort am Morgen fand, fiel er auf die Knie und betete lange. Das Gerücht von diesem Wunder verbreitete sich in der ganzen Gegend, und die Damen von Amiens veranstalteten Sammlungen für den Christus von Saint-Valéry. Aus Paris erhielt Herr Truphème Geld und Juwelen, und die Gattin des Marineministers, Frau Hyde de Neuville, übersandte ihm ein Herz aus Diamanten. Unter Benutzung all dieser Kostbarkeiten schuf ein Goldschmied aus der Rue de Saint-Sulpice in zwei Jahren ein Kreuz aus Gold und Edelsteinen, das im Jahre 18.., am zweiten Sonntag nach Ostern, mit großem Prunk in der Kirche von Saint-Valéry geweiht wurde. Aber Er, der das Schmerzenskreuz nicht gescheut hatte, entfloh von diesem so kostbaren Kreuz und legte sich von neuem auf das weiße Leinen des Altars.

Aus Angst, ihn zu kränken, ließ man ihn diesmal dort liegen, und er ruhte dort seit über zwei Jahren, als Pierre, der Sohn von Pierre Caillou, zum Herrn Pfarrer Truphème kam und ihm berichtete, er habe auf dem Strand das richtige Kreuz unseres Herrgotts gefunden.

Pierre war ein harmloser Schwachsinniger, und weil er nicht genug Verstand besaß, um seinen Lebensunterhalt zu verdienen, gab man ihm sein Brot aus Barmherzigkeit; er war beliebt, weil er nie etwas Böses tat. Aber er hielt zusammenhanglose Reden, auf die niemand hörte.

Dennoch war Herr Truphème, der unablässig über das Mysterium des Christus aus dem Ozean nachdachte, betroffen von dem, was der arme Irre ihm gesagt hatte. Er begab sich mit dem Kirchendiener und zwei Vorstehern an die Stelle, wo das Kind nach seinen Worten ein Kreuz gesehen hatte, und er fand dort zwei mit Nägeln besetzte Bretter, die das Meer lange mit sich gewälzt hatte und die tatsächlich ein Kreuz bildeten.

Es waren Wrackstücke von einem lange zurückliegenden Schiffbruch. Auf dem einen Brett erkannte man noch zwei schwarz aufgemalte Buchstaben, ein J und ein L, und es konnte kein Zweifel daran bestehen, daß dies ein Überrest des Bootes von Jean Lenoël war, der fünf

Jahre zuvor mit seinem Sohn Désiré im Meer umgekommen war.

Der Kirchendiener und die Vorsteher begannen bei diesem Anblick zu lachen über den Trottel, der die gebrochenen Planken eines Schiffes für das Kreuz Christi hielt. Aber der Herr Pfarrer Truphème gebot ihrem Spott Einhalt. Er hatte viel nachgedacht und viel gebetet, seit der Christus aus dem Ozean zu den Fischern gekommen war, und das Mysterium der unendlichen Barmherzigkeit begann ihm einzuleuchten. Er kniete auf dem Sand nieder und sprach das Gebet für die verstorbenen Gläubigen; dann befahl er dem Kirchendiener und den Vorstehern, dieses Wrackstück auf ihre Schultern zu nehmen und in der Kirche abzustellen. Als das geschehen war, hob er den Christus vom Altar, legte ihn auf die Bretter des Bootes und nagelte ihn eigenhändig mit den vom Meer zerfressenen Nägeln daran fest.

Auf seinen Befehl trat das Kreuz schon am nächsten Tage über der Vorsteherbank an die Stelle des Kreuzes aus Gold und Edelsteinen. Der Christus aus dem Ozean hat sich nie davon gelöst. Er hat auf dem Holz bleiben wollen, auf dem Menschen gestorben sind, indem sie seinen Namen und den Namen seiner Mutter angerufen haben. Und dort scheint er mit seinem halbgeöffneten, erhabenen und leidvollen Mund zu sprechen: »Mein Kreuz ist gemacht aus allen Leiden der Menschen; denn ich bin wahrhaftig der Gott der Armen und Unglücklichen.«

DR. OWLGLASS

Um Ostern

Dir ist nicht wohl in deiner alten Haut,
so Schritt vor Schritt,
wenn über dir der frühe Morgen blaut,
den eben jetzt ein Taubenflug durchschnitt?
Du möchtest mit? . . .
Wie hoch hinauf, wie lange wird's dich tragen?

Sieh doch den knospenden Weidenbusch am Hang,
wie er sich hebt.
Und sieh das Tal in seinem stillen Drang,
wie junges Grün den Boden überwebt,
an dem es klebt . . .
Wer keine Flügel hat, soll Wurzeln schlagen!

THEODOR FONTANE

Frühling

Nun ist er endlich kommen doch
In grünem Knospenschuh:
»Er kam, er kam ja immer noch«,
Die Bäume nicken sich's zu.

Sie konnten ihn all erwarten kaum,
Und treiben sie Schuß auf Schuß;
Im Garten der alte Apfelbaum,
Er sträubt sich, aber er muß.

Wohl zögert auch das alte Herz
Und atmet noch nicht frei,
Es bangt und sorgt: »Es ist erst März,
Und März ist noch nicht Mai.«

O schüttle ab den schweren Traum
Und die lange Winterruh:
Es wagt es der alte Apfelbaum,
Herze, wag's auch *du*.

THEODOR STORM

April

Das ist die Drossel, die da schlägt,
Der Frühling, der mein Herz bewegt,
Ich fühle, die sich hold bezeigen,
Die Geister aus der Erde steigen.
Das Leben fließet wie ein Traum –
Mir ist wie Blume, Blatt und Baum.

Der Ostertisch

Alec Puch, ein schöner, gesunder Vater, hatte seine Brut auf einem Schleppkahn untergebracht, den ihm sein Onkel, ein riesiger Mensch namens Manoah, vererbt hatte. Die Brut: damit sind gemeint die drei zarten Söhne des Alec Puch, welche, wie er sich auszudrücken beliebte, redlich erworben waren. Ob redlich oder nicht – die drei zarten Menschen, Wunder an Anmut und Abrichtung, stammten alle von verschiedenen Müttern, ein Umstand, den man nur dadurch erklären kann, daß Alec Puch einst Gehilfe war bei einem wandernden Scherenschleifer. Und da er, aus verschiedenen Gründen, Kinder liebte, hatte er sie zu sich geholt. Allerdings, bitte sehr, ehrte er das Andenken der Mütter, indem er seine Söhne nach den Ortschaften rief, in denen sie die masurische Welt erblickt hatten. Diese Ortschaften hießen: Sybba, Schissomir und Quaken.

Seit geraumer Zeit also, wie gesagt, lebten die drei Knaben mit Alec Puch, ihrem schönen, gesunden Vater, auf dem Schleppkahn. Dieser Kahn sah aus – na, wie wird er ausgesehen haben: wie ein schwarzer Holzschuh voll Flöhe, so sah er aus. Hier wimmelte es, da bewegte sich was, hier roch es, da gab es piepsenden Laut: überall Interessantes, überall Neuigkeit und Abenteuer. Man aß angenehm, man badete gelegentlich, man schlief unter dem milden Glucksen der Flußwellen bis in den späten Vormittag – das Paradies war niemals näher.

Eines Tages, gleich wird gesagt wann, erhob sich, während noch Nebel auf der Wiese lagen, ein nie gehörtes Gebrüll auf dem Vorschiff. Der da brüllte: es war Alec Puch höchstpersönlich. Er brüllte, fast wie im Schmerz, die Namen der zarten Knaben, und da sein Gebrüll den Trompeten von Jericho in nichts nachstand, flog die Brut aus den ererbten Hängematten und rannte augenreibend an Deck. Die Söhne stellten sich, in der Reihe der Ortschaften, die ihr Vater durchlaufen hatte, auf dem Achterschiff auf, fröstelten leicht und warteten auf den, der ihnen den Schlaf gestohlen hatte. Und plötzlich erschien er, ein schönes, gesundes Gesicht, rosige Backen, schwarze Haare, ein annehmbares Herrchen sozusagen, wenngleich dieses Herrchen etwas zur Schau trug, das die Söhne tief erschreckte. Alec Puch nämlich trug eine so ungeheure Leidensmiene zur Schau, als hätte man ihm gleich sämtliche Zehen abgeklemmt. Na, er stellte sich hin vor die fröstelnden Knaben, ein Blick voll düsterer Liebe lief die Reihe entlang, und plötzlich, was geschah dann? Alec Puch weinte. Weinte einmal kurz, aber ausgiebig, sah dann die Söhne mit versonnener Zärtlichkeit an und sprach folgendermaßen:

»Der Tag«, sprach er, »meine Söhne, ist nahe. Wehe, wenn ihr noch nichts gehört vom Lamm: Ostern. Wer von euch noch nichts gehört hat vom Lamm, ich werd' ihn prügeln, bis er weiß das und sogar noch mehr. Aber das Lamm, ihr Lachudders: klein, ganz ganz klein, und sauber. Und ausgeschlafen. Und gaaanz weiß. Ehrenwort. Und sagt nichts, das kleine, weiße liebliche Lamm. Eine Schneeflocke, verstanden! Das ist das Lamm. Ostern: Wehe, wer nicht kennt das Lamm. Kleines, gewaschenes, fröhliches Lamm. Anders als ihr.«

Alec Puch, der rosige Vater, konnte nicht weitersprechen, denn, wie man schon gespürt haben wird, erstickten Tränen die weitere Rede, und er trat, in haltloser Rührung, an die Reling, weinte hingebungsvoll und ließ die Knaben frieren.

Doch unvermutet – die Knaben waren nicht darauf gefaßt und aßen, was sie in ihren Taschen gefunden hatten – schoß er herum, lachte, ging mit ausgebreiteten Armen auf seine Lachudders zu, küßte sie intensiv, und nachdem er sich etwas Eßbares von ihnen geliehen hatte, sprach er so:

»Wir haben, Cholera, lange genug ohne gesellschaftlichen Verkehr gelebt. Das ist, was soll ich viel sagen, nicht gut. Und darum werden wir, Söhne, morgen das geben, was man einen Ostertisch zu nennen pflegt. Vielleicht gleich vor dem Schiffchen. So ein Ostertisch: wer ihn mitgemacht hat einmal – vergessen kann er ihn nie. Man braucht Fische dazu und Schinken und, wie sich's gehört, einige Fläschchen zum Trinken. Nur, wenn ich bitten darf, nicht zu knapp.«

»Den Tisch«, sagte die Ortschaft Quaken, »den Tisch, bitte sehr, haben wir schon.«

»Und wir haben«, fügte die Ortschaft Sybba hinzu, »auch die Bänke. Hier liegen, dreht euch nur um, Bretter genug.«

»Damit«, sprach Alec Puch, »kommen wir zu dem Unwichtigen: worunter ihr zu verstehen habt Fische, Schinken und, wenn ich bitten darf, nicht zu knapp zu trinken.«

»Es wird«, sagte die Ortschaft Schissomir, schon im Stimmbruch, »alles beschafft werden zur Freude. Unser Ostertisch wird fröhlich sein und lieblich wie das Lamm. Habe ich richtig gesprochen?«

»Richtig«, sagten die Brüder und nickten.

Sodann küßte Alec Puch seine Söhne, und sie begaben

sich, getrennt voneinander, in das Dorf hinüber, wo, wie gemeinhin vor Ostern einer der bewegten und erstaunlichen masurischen Märkte stattfand. Und hier, worauf man vielleicht gespannt sein mag, geschah folgendes zum Nutzen des beschlossenen Ostertisches: Alec Puch, ein, wie gesagt, rosiges, annehmbares Herrchen, spazierte ein wenig auf und ab, trat, leidlich interessiert, an einen Fischstand heran, rümpfte die Nase, beklopfte die Fische – na, spielte so nach Herzenslust den hochmütigen Käufer. Die Fischfrau, eilfertig, ziemlich bedripst obendrein, plierte dazu, sagte auch gelegentlich was, aber das Herrchen ließ sich nicht beschabbern. Und während das Herrchen, äußerst kritisch, die Fische drückte, beklopfte, beroch, in manche sogar hineinhorchte, wer kam da an? Gut, sagen wir mal, es war die Ortschaft Quaken, die da ankam. Tat natürlich so, als ob das Herrchen nie dagewesen wäre, einfach unbekannt war man sich. Und während so die Fischfrau das unentschlossene Herrchen anplierte, griff Quaken, gewissermaßen die Entschlossenheit höchstpersönlich, ohne zu riechen und zu klopfen, in den Kasten, schnappte sich die beiden Jonasse – womit gemeint sind die größten – und verschwand. Rannte natürlich den Markt entlang, schrie in einem fort »Platz da«, »Zur Seite«, »Aufgepaßt« – und da er unter wilden Schreien die schleimigen Schwänze der Jonasse mal hierhin wirbelte, mal dahin, wagte keiner, in seiner Nähe zu bleiben, man stob quasi auseinander.

Stob, ja, derweil das annehmbare Herrchen, immer noch bei der Fischfrau, sich bemüßigt fühlte, so zu sprechen: »Mir scheint, Madamchen«, sprach er, »als schulde Ihnen der letzte Käufer noch Geld. Ich werde jetzt, Ehrenwort, dem Burschen nachsetzen, kann sein, daß ich ihn gleich erwische, kann sein auch ein bißchen später. In jedem Fall, Madamchen, nur Mut, werde ich ihn einholen. Ich finde ihn wieder.« Die Fischfrau sagte darauf: »Schnell, Herrchen, schnell. Er hat die größten.« – »Das ist«, sagte Alec Puch, »um so besser«, und er wandte sich um und verfolgt die diebische Ortschaft Quaken.

So traf man sich also am Schleppkahn, verwahrte die Fische, träumte einen spärlichen Augenblick lang vom bevorstehenden Ostertisch – man sah ihn schon köstlich geborgen – und zog wieder los. Wieder: das war notwendig zur Erfüllung des zweiten Wunsches, wonach auf einem Ostertisch prangen, oder sollen wir sagen: blühen muß ein hinreichend kolossaler Schinken, frisch angeschnitten nach Möglichkeit.

Die – wenn es erlaubt ist zu sagen – Blume allen Fleisches war lange entdeckt, blühte gleichsam schwitzend in einem Rauchfang, nur ein bißchen hoch ohne Leiter, und war Eigentum eines finsteren Menschen namens Bondzio. Dieser Bondzio, je nun, er war höflich, hatte ein Einsehen, dieser finstere Einzelgänger, und verließ sein Haus, als der Schinken vonnöten war, um das Kunstwerk des Ostertisches zu vollenden.

Auf den Plan trat diesmal die Ortschaft Sybba, ein Jüngelchen von anmutiger Magerkeit, oder, wenn man will: ein Bindfaden mit Beinen. Die Leiter war zur Hand, sie stand schon an Bondzios Haus, und hoch auf dem Sims, in gnädiger Dunkelheit, turnte der Bindfaden herum, ging glatt durch den Rauchfang wie unsereins durch die Tür, lupfte die Schinkenblume vom Haken, pflückte sie auf seine Art und schleppte sie keuchend nach oben. Doch kaum war er oben, wer kam heranspaziert? Das Unglück selbst, noch dazu uniformiert. Das Unglück hieß Schneppat, lachte blöd und wichtig und war von Beruf Gendarm. Na, steckte seine gebrochene Nase auch prompt in diese Angelegenheit und begann ungefähr so: »Was geht hier, Alec Puch, vor sich?« Alec Puch – wer wird es ihm nicht nachfühlen – zitterte; zitterte so lange, bis er sich ausgezittert hatte, und dann sprach er folgendermaßen: »Es ist, hol's der Teufel, doch Ostern. Das Lamm, sauber, lieblich, kleine, gaaanz kleine Schneeflocke. Und weiß! Wir wollten, ach Gottchen, von wegen Ostern dem Bondzio einen Schinken bringen. Er hat abgeschlossen, du meine Güte, und nun, um uns zu helfen, wollten wir ihm eine Freude machen und den Schinken hineinwerfen in das Haus. Gerade durch den Kamin.«

»Das ist«, sagte Schneppat nach langer Gedankenarbeit, »verboten. Es könnte, Alec Puch, leicht sein, daß unter dem Kamin Zerbrechliches steht, Eier vielleicht oder so. Ihr solltet den Schinken aber wirklich, wieder runterbringen und es einmal, sagen wir, später versuchen.«

»Wir waren, Max Schneppat, noch nie aufsässig«, sagte Alec. »Das Gesetz geht uns, nun, es geht uns, wollen wir mal sagen: es geht uns einfach über alles.« Und damit flötete er dem Bindfaden auf dem Dachfirst, fing den Schinken auf, den Bindfaden hinterher; man wünschte sich friedliche Ostern und empfahl sich.

Somit fehlten, wie man errechnet hat, auf dem Ostertisch nur noch ein paar Fläschchen, die zu besorgen die Ortschaft Schissomir ausersehen war – aus folgendem Grund: dieses melancholische, stimmbrüchige Bürschchen hatte eine höchst seltene Begabung, die nämlich, zu jeder Zeit, wo immer es stand, ohnmächtig zu werden. Verkniff sich einfach nur ein Weilchen die Luft, lief grün an, das Bürschchen, zauberte sich eine tragische

Blässe ins Gesicht und kippte mit verdrehten Augen um. So.

Und diesmal erlaubte es sich, umzukippen vor der Kneipe eines Menschen namens Ludwig Karnickel, was zur Folge hatte, daß sich alsbald ein Menschenauflauf bildete. Ludwig Karnickel hüpfte aus seinem Kneipchen heraus, machte Männchen sozusagen, um das Unglück auch mitzubekommen, und stellte auf solche Art, und nicht zu knapp, die Fläschchen für den Ostertisch. Denn während er das Unglück begutachtete, begutachtete der schöne Alec nebst zwei Söhnen seine Regale: wonach der Ostertisch komplett war.

So saß man, mit friedlichen Aussichten, an Bord des Schleppkahns und dachte an das liebliche Lamm, als Alec Puch ein Gebrüll vernehmen ließ, wie es zu Anfang beschrieben wurde. Die Brut flog aufs Achterschiff, bildete eine zitternde Reihe, während Alec, den schönen Kopf gesenkt, herausstürzte und rief:

»Es ist«, rief er, »alles Dreck. Der ganze Ostertisch, sag' ich euch, Schmutz. Denn wir haben vergessen das Wichtigste. Und was wird, bitte schön, das Wichtigste sein? Die Gäste natürlich! Wir haben vergessen die Gäste. Wo wollt ihr, könnt ihr das sagen, zu dieser Stunde Gäste besorgen? Stehlen?« – »Es ist«, sagte die Ortschaft Quaken, »nie zu spät für alles, was sein soll. – Hab' ich richtig gesprochen?«

»Richtig«, bestätigten seine Brüder und nickten.

Dann verließ man in eiligem Schwarm das Schiffchen, schwärmte hierhin und dorthin – Fragen, Bedauern, Kopfschütteln, mit einem Wort: es war ein Kreuz mit den Gästen, denn, wie zu erwarten stand, hatten sich schon fast alle verpflichtet. Nur drei – niemand wird sich unterstehen die Osterwunder anzuzweifeln – drei Gäste, mithin, waren noch frei. Es handelte sich: um die Fischfrau, um den finsteren Menschen Bondzio und den bereits bekannten Ludwig Karnickel. Man bat sie – sie kamen. Kamen schon am frühen Morgen zum Flüßchen herab, wo der Schleppkahn vertäut lag, inspizierten die Umgebung, man wechselte Höflichkeiten, und schließlich wurde der Ostertisch gedeckt. Und dann wurde gegessen und getrunken bis in den späten Abend, man plauderte angenehm über das liebliche Lamm, vertrieb sich die Zeit mit Komplimenten und versicherte sich gegenseitiger Sympathie.

Bis – ja, bis der Schinken einmal so lag, daß Bondzio die Kerbe erkennen konnte, die er hineingeschnitten hatte. Da begann der Spektakel, an dem sich, wie es bei solchen Geschichten üblich ist, bald auch die Fischfrau beteiligte, die ihre glotzäugigen Jonasse wiedererkannt hatte, und natürlich auch Ludwig Karnickel. Man rannte über die Wiesen, verfolgte einander, schwang Knüppel und drohte, bis unversehens Alec Puch einen Schrei ausstieß:

»Das Lamm!«

Und wirklich, was kam da am Flüßchen entlangspaziert? Ein Lamm, klein und weiß wie eine Schneeflocke. Die Gesellschaft stürzte hinzu, vergessen waren Streit und Drohung, man rupfte zarteste Blättchen für das Tier, streichelte es, na, man brachte sich fast um.

»Es ist«, sagte der schöne Alec, »das reine Wunder. Ehrenwort.«

Die Gäste sahen sich gezwungen, ihm beizupflichten, man schüttelte sich die Hände, umarmte einander, die Luft war erfüllt von Flötenton und Jubelklang, und als man auseinanderging, sprach der finstere Mensch Bondzio: »Es war«, sprach er, »Gevatterchen, insgesamt ein ansprechender Ostertisch. Vor allem, unter uns gesagt, weil jeder auf seinen persönlichen Geschmack angesprochen wurde. Das ist, wie man zugeben wird, nicht leicht.«

EDUARD MÖRIKE

Er ists

Frühling läßt sein blaues Band
Wieder flattern durch die Lüfte;
Süße, wohlbekannte Düfte
Streifen ahnungsvoll das Land.
Veilchen träumen schon,
Wollen balde kommen.
– Horch, von fern ein leiser Harfenton!
Frühling, ja du bists!
Dich hab ich vernommen!

LUDWIG UHLAND

Frühlingsglaube

Die linden Lüfte sind erwacht,
Sie säuseln und weben Tag und Nacht,
Sie schaffen an allen Enden.

O frischer Duft, o neuer Klang!
Nun, armes Herze, sei nicht bang!
Nun muß sich alles, alles wenden.

Die Welt wird schöner mit jedem Tag,
Man weiß nicht, was noch werden mag,
Das Blühen will nicht enden.
Es blüht das fernste, tiefste Tal:
Nun, armes Herz, vergiß der Qual!
Nun muß sich alles, alles wenden.

WLADIMIR KOROLENKO

Die Nacht vor dem Auferstehungsfest

Karsamstag im Jahre 187*.

Längst hatte sich ein trüber Abend auf die verstummte Erde gesenkt. Tagsüber hatte es sich aufge-
wärmt, jetzt schien die Erde, vom frischen Frosthauch
der Frühjahrsnacht leicht umweht, ruhig und tief zu at-
men; von diesem Atem stiegen weißliche Nebel auf und
glänzten in den Strahlen des majestätisch funkelnden
Sternenhimmels, als wären es Weihrauchschwaden, die
dem kommenden Fest entgegenzogen.

Es war still. Die kleine Gouvernementsstadt N., ganz
in die trübe Kühle eingetaucht, erwartete stumm den
Augenblick, da von der Höhe des Kirchturms der erste
Glockenschlag erklingen würde. Aber die Stadt schlief

nicht. Unter der feuchten Hülle der Dämmerung, im Schatten der schweigsamen, menschenleeren Straßen, spürte man verhaltene Erwartung. Nur bisweilen lief verspätet noch jemand vorbei, den beinahe der Feiertag bei seiner schweren Arbeit überrascht hätte, oder es fuhr ratternd eine Mietskutsche vorüber – dann wieder herrschte lautlose Stille ... Das Leben war von den Straßen in die Häuser zurückgewichen, in die reichen Wohnstätten und die elenden Hütten, deren Fenster nach draußen leuchteten, und dort hielt es sich verborgen. Über der Stadt, den Feldern, über der ganzen Erde spürte man das unsichtbare Wehen des nahenden Festes der Auferstehung und der Erneuerung.

Der Mond war noch nicht aufgegangen, die Stadt lag im breiten Schatten einer Anhöhe, auf der ein großes, finsteres Gebäude zu sehen war. Seine eigentümlichen geraden und strengen Umrisse hoben sich düster vom Sternenhimmel ab; im Dunkel der überschatteten Mauer klaffte, kaum erkennbar, das Tor; die vier Ecktürme schnitten mit ihren scharfen Spitzen in den Himmel.

Da löste sich von der Höhe des Glockenturms der erste klingende Schlag, wurde weitergetragen von der empfindsamen Luft dieser melancholischen Nacht, dann der zweite, der dritte ... Nach kurzer Zeit klangen und sangen von allen Seiten und in den verschiedensten Tonlagen die Glocken, und ihr Geläute verschmolz zu einer machtvollen Harmonie, schwang leicht und schien im Äther zu kreisen. Auch aus dem finster über der Stadt aufragenden Gebäude war ein schwindsüchtiges, brüchiges Klirren zu hören, es schien in der Luft zu zittern, ohnmächtig, sich nach dem machtvollen Akkord in die Ätherhöhen aufzuschwingen.

Das Läuten verstummte. Die Töne zerschmolzen in

der Luft, doch nur langsam trat die Lautlosigkeit der Nacht wieder in ihre Rechte ein: lange noch schien ein undeutlicher Nachhall in der Dunkelheit zu schweben, wie das Zittern einer unsichtbaren, in der Luft gespannten Saite. In den Häusern gingen die Lichter aus, die Kirchenfenster strahlten auf. Im Jahre 187* bereitete sich die Erde wieder einmal darauf vor, die alte Botschaft vom Sieg des Friedens, der Liebe und der Brüderlichkeit zu verkünden.

Am dunklen Tor des finsteren Gebäudes rasselten die Riegel. Ein halber Zug Soldaten, die in der Dunkelheit mit den Waffen klirrten, kam heraus zur nächtlichen Wachablösung. Sie marschierten bis zum Ende der Mauer, blieben bei der Wache stehen; aus dem dunklen Menschenhaufen trat gemessenen Schritts eine Gestalt hervor, während der bisherige Wachtposten in den undefinierbaren schwarzen Haufen einzutauchen schien. Dann bewegte sich der Trupp weiter und schritt die ganze hohe Gefängnismauer ab.

An der Westseite trat als Ablösung für den hier postierten Wachsoldaten ein junger Rekrut hervor; aus seinen Bewegungen war die dörfliche Ungeschliffenheit noch nicht verschwunden, das junge Gesicht hatte noch die angespannte Aufmerksamkeit des Neulings bewahrt, der zum ersten Mal einen verantwortungsvollen Posten übernimmt. Er stellte sich mit dem Gesicht zur Mauer, schulterte das Gewehr ab, tat zwei Schritte und stand nach einer halben Drehung Schulter an Schulter mit dem abzulösenden Wachsoldaten. Der wandte ihm den Kopf leicht zu und gab in eingelernter Manier die üblichen Instruktionen: »Von Ecke zu Ecke ... aufgepaßt ... nicht geschlafen, nicht geträumt!« Der Soldat sagte das schnell; immer noch angespannt hörte der Rekrut zu, in seinen grauen Augen schimmerte ein besonderer Ausdruck von Schwermut.

»Verstanden?« fragte der Gefreite.

»Jawohl!«

»Also, paß auf!« sagte der andere streng, doch gleich darauf in verändertem Ton, eher gutmütig: »Nur keine Angst, Fadejew! bist doch kein altes Weib ... Hast doch keine Angst vor Gespenstern?«

»Wieso Gespenster?« fragte Fadejew naiv und meinte dann nachdenklich: »Aber im Herzen ... als ob da was flattert, wißt ihr.«

Bei diesem freimütigen, fast kindlich wirkenden Eingeständnis gab es Gelächter im Trupp.

»Da hast du's, Dorf bleibt eben Dorf!« sagte der Gefreite mit herablassendem Mitgefühl, dann gab er barsch das Kommando: »Ge-we-e-hr über! Ohne Tritt – Marsch!«

Der Wachzug marschierte im Gleichschritt los und verschwand um die Ecke, bald waren die Schritte nicht mehr zu hören. Der Wachtposten schulterte das Gewehr und ging leise die Mauer entlang.

Im Gefängnis begann es sich beim letzten Glockenschlag zu regen. Die finstere und kummergeladene Gefängnisnacht hatte schon lange nicht mehr solch ein Leben gesehen. Als ob das Glockengeläut wirklich die Botschaft von der Freiheit gebracht hätte: die schwarzen Zellentüren wurden eine nach der anderen geöffnet. Menschen in grauen Kitteln mit den verhängnisvollen farbigen Stoffzeichen auf dem Rücken gingen in langen Reihen paarweise die Gänge entlang zur Gefängniskirche, die in Lichtern erstrahlte. Sie kamen von rechts und von links, die Treppen von unten herauf und von oben herunter; ab und zu hörte man durch das dumpfe Getrappel Waffengeklirr und das Rasseln von Fußketten. Beim Eintritt in die geräumige Kirche verteilte sich die graue Menge auf die durch Gitter abgetrennten Plätze und kam zur Ruhe. Auch an den Kirchenfenstern waren starke Eisengitter zu sehen.

Das Gefängnis war leer. Nur in den vier Ecktürmen, in kleinen fest verschlossenen runden Zellen, liefen vier Einzelhäftlinge verdrossen hin und her, preßten immer wieder das Ohr an die Kerkertür und lauschten begierig den Bruchstücken des aus der Kirche herübertönenden Gesanges.

Und dann lag in einer Gemeinschaftszelle noch ein Kranker auf der Pritsche. Der Aufseher, dem man über den plötzlich Erkrankten Meldung erstattet hatte, ging zu ihm, als die Gefangenen in die Kirche geführt wurden, beugte sich hinab und schaute ihm in die Augen, die in seltsamem Glanz brannten und ziellos ins Leere blickten.

»Iwanow! He, Iwanow!« rief er den Kranken an.

Der Häftling wandte den Kopf nicht um. Er murmelte etwas Unverständliches; seine Stimme war heiser, die brennenden Lippen bewegten sich nur mit Anstrengung.

»Morgen ins Krankenhaus!« beschied der Aufseher und ging hinaus. An der Zellentür ließ er einen Schließer zurück; der schaute den Fieberkranken aufmerksam an und schüttelte den Kopf.

»Ach, Landstreicher! Du hast die Lauferei hinter dir, Bruder, das sieht man!« Und überzeugt, daß hier nichts mehr zu tun war, begab er sich durch den Gang zur Kirche, blieb an der verschlossenen Tür stehen und lauschte dem Gottesdienst, wobei er immer wieder auf die Knie fiel und sich verneigte.

In der leeren Zelle war ab und zu das unverständliche Gemurmel des Kranken zu hören. Das war ein noch nicht alter Mann, kräftig und stark. Er phantasierte, durchlebte dabei noch einmal, was ihm jüngst widerfahren war, und sein Gesicht verzerrte sich vor Qual.

Das Schicksal hatte diesem Landstreicher einen häßlichen Streich gespielt. Tausend Werst war er gelaufen, hatte sich seinen Weg durch die Taiga und über wilde Gebirgsketten gebahnt, hatte tausenderlei Gefahren bestanden und Entbehrungen ertragen – getrieben von brennendem Heimweh und von der einen Hoffnung: ›Nur wiedersehen ... einen Monat ... eine Woche lang ... bei der Familie ... Selbst wenn's dann nochmal derselbe Weg sein muß!‹ Hundert Werst vom Heimatdorf entfernt war er in dieses Gefängnis geraten.

Plötzlich verstummte das unverständliche Gemurmel. Die Augen des Landstreichers weiteten sich, die Brust atmete gleichmäßiger. Glücklichere Träume umwehten den glühenden Kopf.

Die Taiga rauscht ... er kennt es – dieses gleichmäßig singende, freie Rauschen. Er hat gelernt, die Stimmen des Waldes, eines jeden Baumes zu unterscheiden. Die mächtigen Kiefern tönen hoch oben im dichten dunklen Grün; die Fichten flüstern – langgezogen, vernehmlich; fröhlich wiegt die helle Lärche ihre weichen Zweige, und das zarte Laub der Espe zittert und bebt. Es pfeifen die freien Vögel, das Bächlein hüpft plappernd und ungestüm durch steinige Schluchten, und die Kundschafter der Taiga, die Schwärme geschwätziger Elstern, fliegen dort in der Luft, wo vom Dickicht verborgen der Flüchtige die Taiga durchstreift.*

Es war, als hätte ein Hauch des freien Taigawindes den Kranken gestreift. Er richtete sich auf, seufzte tief; angespannt blickten die Augen geradeaus, und plötzlich blitzte so etwas wie Bewußtsein in ihnen auf. Der Landstreicher, gewohnt zu fliehen, sah eine ungewöhnliche Erscheinung: eine offene Tür.

Da durchfuhr ein machtvoller Instinkt den von Krankheit geschüttelten Körper: rasch schwanden die Fieberphantasien, oder kreisten vielmehr nur noch um eine einzige Vorstellung, die als heller Strahl aus diesem ganzen Chaos hervorbrach: ›Ich bin allein! Die Tür ist offen!‹

Einen Augenblick später stand er auf dem Boden. Es schien, als hätte sich die ganze Fieberglut seines entzündeten Hirns auf die Augen konzentriert: seltsam ruhig blickten sie, beharrlich und schrecklich.

Jemand öffnete beim Hinausgehen kurz die Kirchentür ... Harmonischer Gesang wogte, durch die Entfernung gedämpft, ans Ohr des Landstreichers, dann war wieder alles still. Eine weiche Regung glitt über sein blasses Gesicht, die Augen trübten sich, und in seinem Inneren tauchte ein lange in Träumen gehegtes Bild auf: eine stille Nacht, das Geflüster der Kiefern, die sich mit ihren dunklen Zweigen über die alte Kirche im Heimatdorf neigen ... das Gedränge der Leute aus dem Dorf,

---

* Sibirische Landstreicher erzählen, daß tief in der Taiga Elstern in Schwärmen die Menschen begleiten, die sich durchs Waldesdickicht kämpfen. Zu Zeiten, wo die Jagd auf entlaufene Zwangsarbeiter vom Gesetz erlaubt war, spürten burjatische Jäger, geleitet vom lauten Geschrei der Elsternschwärme, diese Landstreicher auf.

die Lichter über dem Fluß, und eben dieser Gesang. Er machte sich eilends auf den Weg, um all das dort, bei den Seinen, mitzuerleben.

Im Gang bei der Kirchentür kniete indessen der Schließer und betete inbrünstig.

Der junge Rekrut schritt mit seinem Gewehr an der Mauer auf und ab. Vor ihm ausgebreitet lag das weite, erst jüngst vom Schnee befreite Feld. Ein leichter Wind ging darüber, raschelte im vertrockneten Gestrüpp, fuhr durchs Steppengras vom Vorjahr und weckte in dem Soldaten schwermütige Gedanken.

Er blieb an der Mauer stehen, stellte sein Gewehr ab, stützte die Hände auf die Gewehrmündung und den Kopf auf die Hände und versank in tiefes Nachsinnen. Er begriff immer noch nicht, warum er eigentlich in dieser feierlichen Nacht vor dem Festtag hier stand, mit dem Gewehr an der Mauer, das öde Feld vor Augen. Überhaupt war er noch ein rechter Bauer, der vieles nicht verstand, was dem Soldaten selbstverständlich ist; nicht von ungefähr hatten sie ihn als Dörfler gehänselt. War er doch vor kurzer Zeit noch frei gewesen, sein eigener Herr, Herr über seine Felder, seine Arbeit ... Und jetzt die Angst, diese unwillkürliche, unerklärliche, dumpfe Angst, die ihn auf Schritt und Tritt verfolgte, die dieses junge und ungeschliffene Dorfkind immer mehr aufs feste Gleis des strengen Dienstes trieb.

Aber in dieser Minute war er allein ... Das öde Land, das sich vor seinen Augen ausbreitete, und das Pfeifen des Windes im Steppengras versetzten ihn in eine Art Dämmerschlaf. Bilder von zu Hause zogen vor den Augen des jungen Soldaten vorüber. Auch er sah jetzt sein Dorf, über das derselbe Wind wehte, die in Lichtern erstrahlende Kirche, und die alten Kiefern, die ihre dunklen Wipfel über der Kirche wiegten.

Bisweilen schien er zu sich zu kommen, dann spiegelte sich Verwunderung in seinen grauen Augen: Was war das nur? Das Feld, das Gewehr, und die Mauer? Einen Moment lang wurde ihm die Wirklichkeit bewußt, doch bald wehte ihm der Nachtwind mit seinem verschwommenen Klang wieder die vertrauten Bilder zu. Er stützte sich aufs Gewehr und träumte aufs neue.

Unweit der Stelle, wo der Wachtposten stand, tauchte oben auf der Mauer etwas Dunkles auf: der Kopf eines Menschen. Der Landstreicher schaute ins weite Feld, zu dem kaum erkennbaren Streifen des fernen Waldes ... Seine Brust weitete sich, sog gierig den frischen freien Hauch der alles beschützenden Nacht ein. Er stützte sich auf die Hände und rutschte sacht die Mauer hinab.

Freudiges Glockengeläut vertrieb die nächtliche Stille. Die Tür der Gefängniskirche wurde geöffnet, durch den Hof bewegte sich die Prozession; ein Schwall wohltönenden Gesangs ergoß sich aus der Kirche. Der Soldat schrak zusammen, richtete sich auf, nahm die Mütze ab, um sich zu bekreuzigen und ... erstarb, die Hand erhoben. Der Landstreicher hatte den Boden erreicht und stürzte zum Gestrüpp.

»Halt, Halt! Bitte, Bruder, bleib stehn!« schrie der Wachtposten und hob voll Entsetzen das Gewehr. Alles, was er gefürchtet, wovor er gezittert hatte, brach jetzt über ihn herein, all das Formlose, Furchtbare – beim Anblick dieser fliehenden grauen Gestalt. ›Dienst, Verantwortung!‹ durchzuckte es den Soldaten, er riß das Gewehr hoch und zielte auf den fliehenden Menschen. Die Augen kläglich zusammengekniffen drückte er ab.

Und wieder schwebte über der Stadt der harmonische, schmelzende Klang und schwang sich in den Äther, und die brüchige Gefängnisglocke zitterte und stöhnte, wie ein angeschossener Vogel. Über die Mauer schallten klar und weit ins Feld die ersten Klänge des Triumphgesangs: »Christus ist auferstanden!«

Doch plötzlich krachte bei der Mauer ein Schuß und übertönte alles andere. Dann ein schwaches, hilfloses Stöhnen, ein ungreifbares Klagen, und alles wurde still.

Nur ein fernes Echo im öden Feld wiederholte mit traurigem Grollen den Nachhall des Gewehrschusses.

RUDOLF ALEXANDER SCHRÖDER

Ostern

Laß das Geheimnis zu dir ein,
Das allen Gram zur Freude macht:
Vor Nacht verwahrten sie den Stein,
Vor Morgen ist der Herr erwacht.

Sie hielten nächtens scharfe Wacht
Und schliefen, weil es Tag ward, ein.
Geh, Seele, folg ihm in der Nacht:
Bald ruft der Hahn; bald bricht der Stein.

Frühling ist wiedergekommen. Die Erde
ist wie ein Kind, das Gedichte weiß;
viele, o viele ... Für die Beschwerde
langen Lernens bekommt sie den Preis.

Streng war ihr Lehrer. Wir mochten das Weiße
an dem Barte des alten Manns.
Nun, wie das Grüne, das Blaue heiße,
dürfen wir fragen: sie kanns, sie kanns!

Erde, die frei hat, du glückliche, spiele
nun mit den Kindern. Wir wollen dich fangen,
fröhliche Erde. Dem Frohsten gelingts.

O, was der Lehrer sie lehrte, das Viele,
und was gedruckt steht in Wurzeln und langen
schwierigen Stämmen: sie singts, sie singts!

PAULINE WENGEROFF

Pesach

Die Abenddämmerung stieg langsam hernieder. Die
Teestunde nahte. Wir tranken und schlürften das duf-
tende Getränk mit besonderem Behagen, denn er
schmeckte in der festlichen Umgebung ganz besonders

gut. Alles blitzte und funkelte. Selbst für das Trinkwasser waren neue Gefäße in Verwendung. [...]

Nachdem meine Mutter die Kerzen angezündet hatte, verrichtete sie ein kurzes Gebet, bedeckte sich, wie es der Brauch will, die Augen mit beiden Händen. Bei dieser Gelegenheit konnten wir die kostbaren Ringe an ihren Fingern bewundern, in denen das Kerzenlicht in allen Regenbogenfarben glitzerte und flimmerte. [...]

Wir Mädchen hatten schon im Alter von zwölf Jahren die Pflicht, am Vorabend der Festtage und des Sabbats Kerzen anzuzünden. So versammelten wir uns alle um den Tisch. Wir glühten in freudiger Erwartung des Sederabends. Alle Kerzen brannten. Vor dem Sitze des Vaters brannten zwei Spirmazet-Kerzen, die man »Manischtane«-Kerzen nannte, nach den sogenannten vier Fragen, die das jüngste Kind am Tisch stellt. [...]

Die Sedertafel glänzte und strahlte. Der Meschores (Diener) hatte einen neuen Kaftan an, sein ganzes Auftreten atmete feierliches Selbstbewußtsein, als bediente er an diesem Abend aus Liebenswürdigkeit, Gefälligkeit, nicht aus Pflicht, als fühlte er sich den Herrschaften gleich. Er brachte das silberne Becken mit der Kanne und viele Handtücher. Man erwartete die Herren aus dem Bethause, die auch bald erschienen. Schon beim Hereintreten meines Vaters fühlten wir an dem Ton, mit dem er laut »Gut Jom-Tow« (Guten Feiertag) sagte, eine gewisse Feierlichkeit, eine wohltuende Vergnügtheit. Er ließ meinen Bruder sämtliche Hagadas bringen und erteilte den Kindern den Segen. Hierauf nahmen wir am Tische Platz, und zwar in der Reihenfolge des Alters. Heute durfte auch »Schimen, der Meschores«, an einer Ecke des Tisches sitzen, nach patriarchalischer Art, womit bekundet wird, daß an diesem Abend alle gleich sind – Herr und Diener. [...]

Mein Vater ließ sich gemütlich auf seinen Sitz nieder, legte seine prächtige Schnupftabaksdose mit dem roten Foulardtaschentuch auf den Tisch zu seiner Rechten und begann in der Hagada zu lesen. Er bat die Mutter, ihm die einzelnen Gerichte von den Tellern zu reichen, auch die jüngeren Herren folgten seinem Beispiel. Dann füllte die Mutter auf eine besondere Bitte des Vaters hin den Becher mit Rotwein. Die verheirateten Schwestern füllten hierauf auch ihren Männern die Becher, während unsere ältere, unverheiratete Schwester das Amt des Einschenkens bei uns Kindern und den anderen Tischgenossen, selbstverständlich auch beim Meschores, versah. Jeder der Herren bekam auf seinen Teller drei Schmure-Mazzes, zwischen denen sich bereits die Seroa, ein wenig von dem vorbereiteten Meerrettich, ein wenig Salat, Charausses, ein gebratenes Ei, ein Radieschen befanden. Das alles war mit einer weißen Serviette bedeckt. Der Vater nahm den Becher Wein in seine rechte Hand und sagte das Kiduschgebet und leerte den Becher. Alle Tischgenossen folgten seinem Beispiel, nachdem sie Amen gesagt hatten. Meine Mutter füllte von neuem den Becher, die anderen Frauen taten es wieder für ihre Männer, während die Becher der anderen Tischgenossen mit süßem Rosinenwein gefüllt wurden. Dann nahm der Vater sein Gedeck mit allen darauf befindlichen Dingen in die rechte Hand, hob es in die Höhe und sprach dabei laut das Kapitel »Ho lachmo anjo«. Die männlichen Tischgenossen wiederholten den Satz bis zum zweiten Kapitel »Mah-nischtano«, den sogenannten vier Fragen, welche das jüngste Kind bei Tische zu fragen hat. Diese lauten: »Warum essen wir an allen Abenden des Jahres gesäuertes und ungesäuertes Brot, heute aber bloß ungesäuertes?« usw. (siehe Hagada). Der Vater beantwortete, mit bewegter Stimme aus der Hagada lesend: »Awodim hojinu.« ... »Knechte waren wir bei Pharao in Mizraim und hätte uns damals Gott der Allgütige in seiner Allmacht nicht erlöst, und wären wir nicht von dort ausgezogen, wären wir, unsere Kinder und Kindeskinder bis jetzt noch Sklaven gewesen, und wenn wir auch alle kluge Schriftgelehrte wären, so ist es unsere Pflicht, vom Auszug aus Ägypten zu erzählen.«

Bei diesen Worten brach der Vater immer in Tränen aus – er konnte und durfte seinem Schöpfer gewiß aus vollem Herzen danken, wenn er seinen Blick über die schöne Tafelrunde schweifen ließ und die junge, hübsche Frau mit den blühenden Kindern sah, die kostbar geschmückt dasaßen! Er durfte sich wirklich im Vergleich zu jener Zeit der Sklaverei als einen Fürsten betrachten.

Nun folgten die Psalmen, die als Hallelgebet zusammengefaßt sind, dann nach dem Händewaschen die Erklärung, warum wir an diesem Abend die vielen bitteren Kräuter essen. Es ist zur Erinnerung daran, daß unsere Vorfahren reich an Bitternissen waren und daß sie, durch die Wüste ziehend, keine andere Erquickung hatten als bittere Kräuter. Hierauf brachen die Herren die mittlere der drei Mazzes entzwei, legten die eine Hälfte unter das Polster zum »Aphikomon« (Nachspeise), und die andere Hälfte verteilten sie in kleinen Stücken unter die Tischgenossen als »Mauze« (der erste Bissen Brot, vor dem ein Segensspruch gesprochen wird). Dann aß man vom Meerrettich: erstens zu Moraur, der in Charausses getunkt so rasch als möglich verschluckt wird, da dies ohne Mazzes geschehen muß; dann der Kaurach, wieder eine Portion Meerrettich zwischen zwei Mazzesstückchen gelegt. Für jeden Brauch wird zuvor ein bestimmtes Gebet gesprochen. Mit einem Wort, man bekam an diesem Abend den Meerrettich gehörig zu spüren; und wir mußten mit Tränen in den Augen zugeben, daß das Leben unserer Vorfahren in Ägypten bitter war. Später wurden Radieschen und Eier in Salzwasser getaucht; das mundete schon besser, und endlich kam das Abendbrot an die Reihe, das mit Pfefferfischen begann, dem eine fette Brühe mit Mazzemehlklößchen folgte und das mit einem feinen frischen Gemüse endete. Dann bekam jeder Tischgenosse ein Stück von dem aufbewahrten Aphikomon. Nun wurden die Becher aufs neue mit Wein gefüllt. Man goß sich Wasser über die Hände, was man »Majim Acheraunim« (letztes Wasser) nennt, wobei ein kleines Gebet verrichtet wurde; und nun schickte man sich an, das Tischgebet zu sagen, womit gewöhnlich einer der Herren bei Tische als Vorbeter beehrt wurde. Am Schluß des Gebetes fiel die ganze Tischgesellschaft mit einem lauten »Amen« ein; und nachdem jeder für sich leise das Nachtischgebet mitgebetet hatte, wurden erst die Becher geleert. Und jetzt begann der zweite Teil der Hagada. Zum vierten Mal füllte man die Becher. Diesmal wurde auch die große silberne Kanne gefüllt, die in der Mitte der Tafel aufgestellt und für den Propheten Elia bestimmt war. Dieser Brauch findet in den kabbalistischen Schriften seine Erklärung. Nach der kabbalistischen Lehre ist alles, was man in paarweiser Zahl ißt oder trinkt (sogenannte kabbalistische Suges) schädlich, oder es kann zum mindesten schädlich wirken. Daher muß bei der Sedermahlzeit zu den vier Bechern, die getrunken werden, noch ein fünfter gefüllt werden.

Wir Kinder glaubten fest an die Volkssage, daß der Prophet Elia ungesehen hereinkomme und an dem Becher nippe. Wir blickten daher unverwandt nach der

Kanne, und wenn sich die äußerste Schicht an der Oberfläche leise bewegte, waren wir überzeugt, daß der Prophet anwesend war, und uns überrieselte es kalt und heiß. Sämtliche Becher wurden gefüllt, und der Vater befahl dem Diener, die Tür zu öffnen. Nun begann man das Kapitel »sch'fauch chamos'cho« zu rezitieren; hierauf folgten die Schlußkapitel des Hallel. Und zum Schluß das allegorische Liedchen »chadgadjo, chadgadjo«, »Ein Zicklein, ein Zicklein«. Mit diesen und ähnlichen Versen fand der Sederabend seinen Abschluß. Jeder hatte seinen vierten Becher Wein ausgetrunken. Auf den Gesichtern aller Tischgenossen sah man die Abspannung und Erregtheit infolge des ungewohnten Weingenusses. Meine älteren und jüngeren Schwestern verließen eine nach der anderen die Tafel, ehe noch die Verse zu Ende gesungen waren, was nicht als Verletzung der Religion oder der Hausdisziplin galt. Mich aber hielt etwas zurück, das ich mir um nichts entgehen lassen wollte. Es war Schir haschirim, das Hohe Lied, das Lied der Lieder Salomos, von dem ich jedes Wort, jeden Ton mit meiner ganzen Seele aufnahm. Die herrliche Verschmelzung von Tönen und Worten wirkte auf das Kindergemüt berauschend; ich lauschte entzückt. [...]

Meine Mutter ermahnte mich dann mehr als einmal, zu Bette zu gehen. Ich aber bat, noch bleiben zu dürfen, was sie mir für ein Weilchen auch gestattete. Als sie aber bemerkte, wie müd und abgespannt ich war, erfolgte eine zweite Ermahnung, und ich wiederholte meine frühere Bitte noch inständiger. Meine Stimme war wahrscheinlich dabei so innig, daß ich die Erlaubnis erhielt. Ich gab mir Mühe, nicht müde zu scheinen, und kroch auf einen im Winkel stehenden großen Armstuhl und hörte mit wahrem Seelengenuß dem Gesange zu. Bis zum Schluß hielt ich es aber nicht aus, und ich erwachte erst auf meinem Lager, als meine Njanja mich entkleidete und zurecht legte. Ich wurde dabei munter, schlief aber bald wieder in der seligsten Stimmung ein und erwachte am Morgen mit der gleichen frohen und vergnügten Laune. Alles im Hause war festlich geschmückt; überall feierliche, herrliche Osterstimmung! Draußen strahlte der Frühlingssonnenschein vom heiteren Himmel herab. Die Luft war mild und warm. Die ganze Natur schien ein festliches Kleid angelegt zu haben, wie wir alle im Hause. O goldene Kinderzeit im Elternhause, wie schön bist du! – – –

Zum Tee bekam ich Mazzes und Butter. Man zog mir ein neues Kleidchen an, und ich lief hinaus zu den Nachbarkindern, die mich auf der Wiese bereits erwarteten. Wir hüpften und tanzten und sangen: »Der Frühling ist da, der Sommer ist gekommen, huha! huha! huha! huha!«

DETLEV VON LILIENCRON

Vorfrühling am Waldesrand

In nackten Bäumen um mich her der Häher,
Der ewig kreischende, der Eichelspalter,
Und über Farnkraut gaukelt nah und näher
Und wieder weiter ein Zitronenfalter,
Ein Hühnerhabicht schießt als Mäusespäher,
Pfeilschnell knicklängs vorbei dem Pflugsterzhalter.
Der Himmel lacht, der große Knospensäer
Und auf den Feldern klingen Osterpsalter.

ANNETTE VON DROSTE-HÜLSHOFF

Am ersten Sonntag nach Ostern

Ev.: Jesus geht durch verschlossene Türen und spricht:
»Der Friede sei mit euch!« Joh. 20,19–31

Und hast du deinen Frieden denn gegeben
An alle, die sich sehnen um dein Heil,
So will ich meine Stimme auch erheben:
Hier bin ich, Vater, gib auch mir mein Teil!
Warum sollt ich, ein ausgeschloßnes Kind,
Allein verschmachtend um mein Erbe weinen?
Warum nicht sollte deine Sonne scheinen,
Wo doch im Boden gute Keime sind?

Oft mein ich zwar, zum Beten sei genommen
Mir alles Recht, da es so trüb und lau,
Mir könne nur geduldig Harren frommen
Und starrer Aufblick zu des Himmels Blau:
Doch Herr, der du dem Zöllner dich gesellt,
O laß nicht zu, daß ich in Nacht verschwimme;
Dem irren Lamme ruft ja deine Stimme,
Und um den Sünder kamst du in die Welt.

Wohl weiß ich, wie es steht in meiner Seelen,
Wie glaubensarm, wie trotzig und verwirrt;
Ach, daß sich, daß sich manches mochte hehlen –
Ich fühle, wie es durch die Nerven schwirrt,
Und kraftlos folg ich seiner trüben Spur.
Mein Helfer, was ich nimmer mag ergründen,
Du kennst es wohl, du weißt es wohl zu finden,
Du bist der Arzt, ich bin der Kranke nur.

Und hast du tief geschaut in meine Sünden,
Wie nicht ein Menschenauge schauen kann;
Hast du gesehn, wie in den tiefsten Gründen
Noch schlummert mancher wüste, dunkle Wahn:
Doch weiß ich auch, daß keine Trän entschleicht,
Die deine treue Hand nicht hat gewogen,
Und daß kein Seufzer dieser Brust entflogen,
Der dein barmherzig Ohr nicht hat erreicht.

Du, der verschloßne Türen kann durchdringen,
Sieh, meine Brust ist ein verschloßnes Tor.
Zu matt bin ich, die Riegel zu bezwingen,
Doch siehst du, wie ich angstvoll steh davor:
Brich ein! Brich ein! O komm mit deiner Macht!
Laß brausen deines Sturmes Gnadenwogen!
O laß mich schauen deinen Friedensbogen,
Laß fallen deinen Strahl in meine Nacht!

Nicht weich ich, eh ich einen Schein gesehen,
Und wär er schwach wie Wurmes Flimmer auch;
Und nicht von dieser Schwelle will ich gehen,
Bis ich vernommen deiner Stimme Hauch.
So sprich, mein Vater, sprich denn auch zu mir
Mit jener Stimme, die Maria nannte,
Als sie verkennend, weinend ab sich wandte,
O sprich: »Mein Kind, der Friede sei mit dir!«

Osterregen

An jenem Tag hatte die alte und alleinstehende Schweizerin – Josephina Lwowna war sie in der russischen Familie genannt worden, bei der sie einst zwölf Jahre verbrachte – ein halbes Dutzend Eier gekauft, einen schwarzen Pinsel und zwei Purpurknöpfchen Wasserfarbe. An jenem Tag blühten die Apfelbäume, die Reklame des Lichtspieltheaters an der Ecke spiegelte sich, Beine zuoberst, in einer blanken Pfütze, und morgens waren die Berge jenseits des Genfer Sees gänzlich von seidigem Flor verhangen gewesen, ähnlich dem halb durchsichtigen Papier, das Radierungen in teuren Büchern bedeckt. Der Flor versprach einen heiteren Tag, aber die Sonne glitt nur kurz über die Dächer der schrägen Steinhäuschen und die tropfnassen Drähte der Spielzeugstraßenbahn, dann löste sie sich erneut in Nebelschwaden auf; es wurde ein stiller Tag, frühlingshaft bewölkt, gegen Abend jedoch blies von den Bergen ein schwerer, eisiger Wind, und Josephina, die auf dem Heimweg war, bekam einen solchen Hustenanfall, daß sie unter der Haustür taumelte, blaurot anlief und sich auf ihren stramm gewickelten Schirm stützte, der schmal war wie ein schwarzer Spazierstock.

Im Zimmer war es schon dunkel. Als sie die Lampe anzündete, fiel Licht auf ihre Hände, hagere, von glänzender Haut überzogene Hände mit Alterssommersprossen und weißen Fleckchen auf den Fingernägeln. Josephina breitete ihre Einkäufe auf dem Tisch aus, warf Mantel und Hut aufs Bett, goß Wasser in ein Glas, und nachdem sie das schwarzumrandete Pincenez aufgesetzt hatte, das ihre dunkelgrauen Augen streng werden ließ unter den dichten, am Nasensattel zusammengewachsenen Trauerbrauen, ging sie daran, die Eier anzumalen. Doch das Karminrot der Wasserfarbe wollte nicht haften, sie hätte wohl eine chemische Farbe kaufen sollen, hatte aber nicht zu fragen gewußt, hatte sich geniert, es zu erklären. Sie überlegte, ob sie nicht zu einem ihr bekannten Apotheker gehen sollte, zumal sie auch gleich Aspirin kaufen könnte. Ihr Körper war so schlapp, von der Hitze schmerzten die Augäpfel; nur still dasitzen, still nachdenken mochte sie. Heute war bei den Russen Karsamstag.

Seinerzeit hatten zerlumpte Gestalten auf dem Newskij-Prospekt besondere Zangen verkauft. Mit diesen Zangen ließen sich die Eier so gut packen und aus der dunkelblauen oder orangegelben heißen Flüssigkeit herausnehmen. Es gab dazu aber auch Holzlöffel, sie pochten leicht und satt gegen die dicken Wände der Gläser, in denen würzig die Farbflüssigkeit dampfte. Die Eier trockneten dann in großen Haufen – die roten bei den roten, die grünen bei den grünen. Auch anders noch wurden sie gefärbt: Man wickelte sie fest in einen Lappen, in dem eine Art Abziehbild lag, dem Musterstück einer Tapete gleich. Und wenn der Lakai nach dem Kochen den riesigen Topf aus der Küche zurückbrachte, war es so vergnüglich, die Fäden loszuwickeln und die gesprenkelten, marmorierten Eier aus den feuchten, warmen Lappen herauszunehmen; sanfter Dunst stieg von ihnen auf, kindlicher Geruch.

Merkwürdig war für die alte Schweizerin die Erinnerung, daß sie zeit ihres Lebens in Rußland Heimweh gehabt und an die Freunde zu Hause melancholische, wunderschöne lange Briefe geschrieben hatte, wie überflüssig sie sich immer vorkomme, wie unverstanden. Allmorgendlich war sie nach dem Frühstück mit ihrem Zögling Hélène im breiten, offenen Landauer spazierengefahren vor sich den dicken Kutscherhintern, der einem blauen Riesenkürbis glich, und daneben der gebeugte Rücken des greisen Lakais – mit Goldknöpfen, Kokarden. Und an russischen Wörtern kannte sie nichts weiter als »Kutscher«, »tische-tische«, »nitschewo« ...

Sobald der Krieg begann, hatte sie Petersburg mit vager Erleichterung verlassen. Sie stellte sich vor, nun würde sie sich immerfort am Geplauder abendlicher Freunde delektieren, an der Gemütlichkeit ihres Heimatstädtchens. Doch es kam gerade umgekehrt; ihr wahres Leben – das heißt, jener Teil des Lebens, wenn der Mensch sich am heftigsten und tiefsten Dingen und Menschen anschließt – hatte dort in Rußland stattgefunden, das sie unbewußt liebgewonnen und begriffen hatte und wo jetzt weiß der Himmel was los war ... Und morgen war das orthodoxe Osterfest.

Josephina Lwowna seufzte geräuschvoll, stand auf und machte das Vorsatzfenster besser zu. Sie sah auf die Uhr, eine schwarze Uhr an einem Nickelkettchen. Trotz allem, sie mußte etwas unternehmen mit diesen Eiern. Sie waren als Geschenk für die Platonows bestimmt, ein älteres russisches Ehepaar, das sich kürzlich in Lausanne niedergelassen hatte, in diesem ihr vertrauten und fremden Städtchen, wo man schwer Luft bekam und wo die Häuser wie zufällig in der Gegend standen, krumm und schief entlang der steilen, verwinkelten Sträßchen.

Sie hing ihren Gedanken nach, dem Dröhnen in den Ohren lauschend, dann schreckte sie auf, goß ein Fläschchen lila Tinte in eine Blechdose und senkte vorsichtig ein Ei hinein.

Leise öffnete sich die Tür. Wie eine Maus huschte die Nachbarin, Mlle. Finard, herein, auch eine ehemalige Gouvernante – klein, hager, das gänzlich silbergraue Haar kurzgeschnitten, um die Schultern ein schwarzes, wie von Schmelz überzogenes Tuch. Als Josephina ihre Mäuseschrittchen hörte, deckte sie unbeholfen eine Zeitung über die Dose und die Eier, die auf Fließpapier trockneten.

»Was wollen Sie? Ich mag es nicht, wenn man so bei mir eintritt . . .«

Mlle. Finard schaute von der Seite auf Josephinas erregtes Gesicht, sagte nichts, war aber schrecklich gekränkt und verließ schweigend, mit demselben trippelnden Gang, das Zimmer.

Die Eier hatten jetzt eine giftig violette Farbe. Auf eines, das nicht gefärbt war, beschloß sie die Anfangsbuchstaben des Ostergrußes zu malen, wie das in Rußland immer gemacht wurde. Der erste Buchstabe, das X, gelang ihr gut, an den zweiten konnte sie sich jedoch beim besten Willen nicht recht erinnern, und statt eines B kam zuletzt ein ungeschicktes, schiefes Я zustande. Als die Tinte ganz trocken war, wickelte sie die Eier in weiches Toilettenpapier und legte sie in ihre Ledertasche.

Doch was für eine quälende Schlappheit . . . Am liebsten hätte sie sich ins Bett gelegt, heißen Kaffee getrunken und die Beine ausgestreckt. Sie fröstelte, es stach ihr in den Augenlidern. Und als sie auf die Straße trat, drängte wieder das trockene Gekodder des Hustens die Kehle hoch. Draußen war es menschenleer, naßkalt und dunkel. Die Platonows wohnten ganz in der Nähe. Sie saßen am Teetisch, und der kahlköpfige, dünnbärtige

Platonow, der ein Sergehemd mit schiefem Kragen trug, stopfte gelben Tabak in Hülsen, als Josephina Lwowna mit dem Schirmknauf gegen die Tür pochte und eintrat.

»Oh, guten Abend, Mademoiselle!«

Sie setzte sich zu ihnen und begann geschmacklos und wortreich davon zu reden, daß morgen das russische Osterfest sei. Stück für Stück zog sie die violetten Eier aus der Tasche. Platonow bemerkte das mit den lila Buchstaben X. Я., und er mußte lachen.

»Was sie da für jüdische Initialen drauffabriziert hat . . .«

Seine Gattin, eine korpulente Dame mit Kummerblick und gelbbrauner Perücke, lächelte flüchtig; sie bedankte sich gleichmütig, wobei sie die französischen Vokale langzog. Josephina begriff nicht, warum die beiden gelacht hatten. Ihr war heiß und traurig zumute. Wieder begann sie zu reden; sie spürte, daß sie nicht das Richtige sagte, konnte sich aber nicht bremsen.

»Ja, in diesen Zeiten gibt es in Rußland kein Osterfest . . . Rußland ist arm. Oh, ich erinnere mich, wie sich alle auf den Straßen küßten. Und meine kleine Hélène war an diesem Tag wie ein Engel . . . Oh, ich weine nächtelang, wenn ich an Ihre wunderschöne Heimat denke . . .«

Den Platonows waren solche Gespräche immer unangenehm. Wie verarmte reiche Leute ihr Elend verbergen und noch stolzer, noch unzugänglicher werden, so unterhielten auch sie sich niemals mit Dritten über die verlorene Heimat, und Josephina glaubte deshalb insgeheim, sie liebten Rußland überhaupt nicht. Wenn sie sie besuchte, stellte sie sich gewöhnlich vor, sie müsse nur anfangen, mit Tränen in den Augen über dieses wunderschöne Rußland zu sprechen, plötzlich würden auch die Platonows in Tränen ausbrechen, ebenfalls Erinnerungen hervorkramen und erzählen, und so würden sie zu dritt die ganze Nacht sitzen, sich erinnern und weinen und sich gegenseitig die Hand drücken.

In Wirklichkeit kam es niemals dazu ... Platonows Bärtchen nickte höflich und teilnahmslos, während seine Frau nur darauf erpicht war zu erfahren, wo man möglichst billig Tee oder Seife ergattern konnte.

Platonow ging erneut daran, Papyrossy zu stopfen; seine Frau verstaute sie gleichmäßig in Pappschachteln. Beide hatten damit gerechnet, sich noch hinlegen zu können, bevor sie sich zur Messe begaben, in die griechische Kirche gleich um die Ecke ... Am liebsten hätten sie geschwiegen, ihren Gedanken nachgegangen, allein durch Blicke gesprochen, durch ein besonderes, gleichsam zerstreutes Lächeln – über den auf der Krim umgekommenen Sohn, über österlichen Kleinkram, über die Hauskapelle auf der Potschtamtskaja; aber da mußte diese geschwätzige, sentimentale Alte mit ihren unruhigen dunkelgrauen Augen hereingeschneit kommen und seufzen, und sie würde sitzen bleiben bis zu dem Augenblick, da sie selbst aus dem Haus gingen.

Josephina verstummte. Sie wünschte inbrünstig, daß sie vielleicht zum Kirchgang eingeladen würde und anschließend zum Ostermahl. Sie wußte, daß die Platonows am Abend zuvor Kulitsche gebacken hatten, und obwohl sie natürlich nichts hätte essen können, sie fröstelte zu sehr, trotzdem – es wäre schön gewesen, warm und festtäglich.

Platonow knirschte mit den Zähnen, um ein Gähnen zu unterdrücken, und blickte verstohlen auf sein Handgelenk, auf das Zifferblatt unter dem Gitter. Josephina begriff, daß man sie nicht auffordern würde. Sie erhob sich.

»Sie brauchen ein wenig Ruhe, meine guten Freunde. Aber bevor ich gehe, möchte ich Ihnen noch sagen –«

Sie trat nahe zu Platonow, der sich ebenfalls erhoben hatte, und rief laut und mit Fehlern aus:

»Christus ist auferstanden!«

Dies war ihre letzte Hoffnung, eine Sturmflut heißer, süßer Tränen und österlicher Küsse hervorzulocken und eine Einladung zum gemeinsamen Ostermahl ... Doch Platonow richtete lediglich die Schultern gerade und lachte ruhig.

»Na, sehen Sie, Mademoiselle, Sie sagen das wunderbar auf russisch ...«

Als sie auf die Straße trat, brach sie in Schluchzen aus; das Taschentuch gegen die Augen gepreßt, ging sie leicht taumelnd, und der Seidenstock ihres Schirms pochte aufs Trottoir. Der Himmel war hoch und unruhig: ein trüber Mond, Wolkentürme wie Ruinen. Beim erleuchteten Lichtspieltheater spiegelten sich die ausgestellten Füße des krausköpfigen Chaplin in der Pfütze. Und als Josephina unter rauschenden, Tränen vergießenden Bäumen den See entlangging, der einer Nebelwand glich, da sah sie: Am Rand einer kleinen Mole leuchtete spärlich eine smaragdgrüne Laterne, und in die schwarze Schaluppe, die unten im Wasser schwappte, kletterte etwas Großes, Weißes ... Sie schaute trotz der Tränen genauer hin: Ein riesiger alter Schwan hatte sich aufgeplustert, schlug mit dem Flügel und wälzte sich, plump wie eine Gans, mühsam über die Bordkante; die Schaluppe geriet ins Schaukeln, und grüne Kreise strömten über das schwarze, ölige Wasser, das in Nebel überging.

Josephina überlegte, ob sie nicht doch in die Kirche gehen sollte. Aber in Petersburg war sie nur in der Backsteinkirche der Reformierten am Ende der Morskaja gewesen, und nun hatte sie Hemmungen, ein orthodoxes Gotteshaus zu betreten, sie wußte nicht, wann sie sich bekreuzigen, wie sie die Finger zusammenlegen mußte, sie hätte sich einen Verweis zuziehen können. Durchdringender Schüttelfrost hielt sie gepackt. In ihrem Kopf vermengten sich das Rascheln und Klatschen des Laubs, die schwarzen Wolken – und die Ostererinnerungen, die Berge vielfarbiger Eier, der bräunliche Glanz der Isaaks-Kathedrale ... Umnebelt, betäubt, schleppte sie sich irgendwie nach Hause und stieg die Treppe hoch, wobei ihre Schulter gegen die Wand stieß; dann zog sie sich aus – schwankend, mit den Zähnen ganze Trommelwirbel klappernd – und fiel entkräftet, mit seligem, verwundertem Lächeln, ins Bett. Fieberwahn, stürmisch und mächtig wie wogender Glockenklang, ergriff von ihr Besitz. Die Berge vielfarbiger Eier zerstoben mit einem runden Klacken; durchs Fenster herein brach – sei es die Sonne, sei es ein Hammel aus Butter mit goldenen Hörnern, wuchs immer mehr und erfüllte das ganze Zimmer mit heißem Gelb. Die Eier aber rollten hinauf und hinab über glänzende Brettchen, klackten gegeneinander, die Schale riß – und im Eigelb waren himbeerrote Schlieren ...

So phantasierte sie die ganze Nacht, und erst morgens trat die noch gekränkte Mlle. Finard zu ihr ins Zimmer – und stöhnte auf vor Schreck, rannte den Doktor holen.

»Eine kruppöse Lungenentzündung, Mademoiselle.«

Durch die Fieberwellen blitzten die Tapetenblumen, das Silberhaar der Alten, die ruhigen Augen des Doktors – blitzten auf und verschwammen, und erneut wurde ihr Herz von einem erregten Glückstosen erfaßt, märchenhaft blau strahlte der Himmel, wie ein gigantisches gefärbtes Ei, es dröhnten die Glocken und jemand trat ins Zimmer, der aussah – sei es wie Platonow, sei es wie Hélènes Vater, und kaum hereingekommen, faltete er eine Zeitung auseinander, legte sie auf den Tisch, setzte sich selbst in einiger Entfernung hin und blickte bald auf Josephina, bald auf die weißen Blätter, und das mit bedeutsamem, bescheidenem, leicht verschmitztem Lächeln. Und Josephina wußte, daß dort in der Zeitung eine wunderbare Botschaft stand, aber sie konnte die schwarze Überschrift, die russischen Buchstaben einfach nicht entziffern – der Besucher dagegen lächelte unentwegt und blickte bedeutsam, und es kam ihr vor, als würde er ihr jetzt gleich das Geheimnis eröffnen, das Glück bestätigen, das sie vorausahnte – doch langsam löste der Mann sich auf, zog die schwarze Wolke der Besinnungslosigkeit herauf . . .

Dann wurden die Fieberträume erneut bunt, rollte der Landauer über die Uferstraße, Hélène schleckte mit einem Holzlöffel heiße, grellbunte Farbe, breit glitzerte die Newa, und Zar Peter sprang plötzlich vom ehernen Pferd, das beide Hufe aufs Mal zu Boden senkte; er trat zu Josephina, ein Lächeln auf dem stürmischen, grünen Gesicht, umfaßte sie – und küßte sie auf die eine Wange, dann die andere, seine Lippen waren sanft und warm, und als er zum dritten Mal ihre Wange berührte, schlug sie mit einem Glücksstöhnen um sich, breitete die Arme aus – und wurde mit einemmal ruhig.

Am sechsten Krankheitstag, frühmorgens nach der Krisis, kam Josephina Lwowna zu sich. Vor dem Fenster schimmerte hell ein weißer Himmel, senkrecht fiel der Regen, rauschte und gluckste in den Dachrinnen. Ein nasser Zweig reckte sich quer über die Fensterscheibe, und das Blatt ganz am Ende erzitterte ständig unter den Regenschlägen, es neigte sich, ließ von der grünen Spitze einen großen Tropfen fallen und erzitterte von neuem, und von neuem rollte ein feuchter Strahl darüber, hing ein langer, lichter Ohrschmuck herab – und fiel . . .

Josephina kam es vor, als flösse ihr Regenkühle durch die Adern, sie konnte den Blick nicht losreißen von dem strömenden Himmel – und der wogende, hingebungsvolle Regen war so angenehm, so rührend erzitterte das Blatt, daß sie am liebsten gelacht hätte, Lachen erfüllte sie, war aber noch tonlos, überschwemmte den Körper, kitzelte den Gaumen – gleich würde es herausplatzen . . .

Links in der Zimmerecke scharrte etwas und stöhnte. Bebend von dem in ihr wachsenden Lachen, lenkte sie den Blick vom Fenster weg und wandte das Gesicht. Auf dem Boden lag bäuchlings die Alte in ihrem schwarzen Tuch, die kurzgeschnittenen silbernen Haare wippten ärgerlich, sie rutschte umher und streckte die Hand unter den Schrank, wohin das Wollknäuel gerollt war. Ein schwarzer Faden kroch unterm Schrank vor zum Stuhl, wo Stricknadeln und ein unfertiger Strumpf lagen.

Beim Anblick des schwarzen Rückens von Mlle. Finard, der rutschenden Beine und der Knopfstiefeletten ließ Josephina das Lachen aus sich herausbrechen, sie schüttelte sich, gurrend und keuchend, unter ihrem Federbett, da sie fühlte, daß sie auferstanden war, daß sie zurückgekehrt war von weit her, aus dem Nebel des Glücks, der Wunder und der österlichen Herrlichkeit.

Verheißung

Es stapft dahin, das alte Menschentier,
Die Stirn kommandostumpf, die Lippe stier!
Aus himmellosen Pfützen-Augen glotzen
Drei gelbe Gierden und ein trübes Trotzen.

Vom Grabe ist der Felsen weggewälzt.
Der Gott ist fort. Ein Quastenschächer stelzt,
Und lehrt mit krächzenden und frechen Blicken
Das hohe Wort zu knechten und zu knicken!

Der Gott ist fort. Im Hinterhalt der Welt
Wird er Musik. Schon stampft er auf und schnellt
In unser Herz den Schlag von seinen Zeiten,
In unsere Schritte spannt er ein sein Schreiten.

In unsere Sehnen greift ein Sänger-Krampf.
Groß fallen wir in Dithyramben-Dampf.
Wir werden unter weißen Eichen wallen,
Lichtherrscher Alle Hand in Hand mit Allen!

Ostern

Dort noch Hügel,
die Finsternis, aber
die Steige sind recht, aus der Ferne
die Ebenen nahn, mit dem Wind
herüber ihr Schrei.

Über den Wald. Der Fluß
kommt, die Birkenschläge
gehn an die Mauer, Türme,
Gestirn um die Kuppeln, das goldne
Dach hebt an Ketten ein Kreuz

Da
in die finstere Stille
Licht, Gesang, wie unter
der Erde erst, Glocken, Schläge,
der Stimmen Hähnegeschrei

und Umarmung der Lüfte,
schallender Lüfte, auf weißer
Mauer Türme, die hohen
Türme des Lichts, ich hab
deine Augen, ich hab deine Wange,
ich hab deinen Mund, es ist
erstanden der Herr, so ruft,
Augen, ruft, Wange, ruf, Mund,
ruf Hosianna.

Als ich nach Emmaus zog

Am Ostermontag, wenn der Gottesdienst vorüber ist, und im Waldlande die Leute beim Mittagsmahle sitzen, kommt es vor, daß einer sagt: »Heut ist Ostermontag, heut sollen wir nach Emmaus gehen.« Und fast allemal entgegnet ein anderer: »Nach Eb'naus gehen, das ist bei uns im Gebirg eine Kunst.« Aber der strenge Hausvater verweist: »Gescheiterweis' reden! Heilige Sach ist kein Spaß!«

Am Vormittag haben sie es bei der Predigt gehört, daß nach dem Tode Jesu die Jünger gar vereinsamt und betrübt umhergegangen seien, immer nur an den Herrn und Meister denkend, der ein paar Tage früher gekreuzigt und begraben worden war. Und als sie die Straße entlang gingen, die nach Emmaus führte, da begegnete ihnen der Gekreuzigte leibhaftig und grüßte sie: »Der Friede sei mit euch!« also daß sie wußten, er ist von den Toten auferstanden. – Dessen gedenkt man im Waldlande frommen Sinnes, und sei es nun auf der Bergstraße oder im Tale draußen, irgendwo steht doch ein Wirtshaus, und das ist das Emmaus, nach welchem man an diesem Tage pilgert. – Jenem, der still beschaulich zwischen den grünenden Saaten dahinschreitet, unter dem Gesange der Vögel, die auf den treibenden Zweigen sich schaukeln, und der in den milden Sonnenäther des Himmels aufschaut, Sehnsucht im Herzen, dem begegnet der Auferstandene mit dem Gruße: »Der Friede sei mit dir!« – Jenen, die nach ernsten Berufsarbeiten zur feiertägigen Erholung in heiterer Geselligkeit dem Wirtshause zuwandeln, sei es Freund mit Freund, sei es Bursche mit Mädchen in ehrsamer Neigung, sei es der Geigenspieler und der Pfeifenbläser zur hellen Osterfreudigkeit, denen begegnet der Herr und grüßt sie: »Der Friede sei mit euch!« – Dem aber, der mit frömmelnder Miene, Schlimmes sinnend, nach »Emmaus« schleicht, dem begegnet der Heiland nicht – doch möglicherweise etwas anderes.

Zur Zeit, als ich ein Knabe von etwa zehn Jahren war, wollte mein Vater einmal in der Fasten einen eingewanderten vacierenden Tagwerker aufnehmen; es gab zu solcher Zeit eigentlich nicht mehr Arbeit in der Wirtschaft, als wir mit unserem Gesinde selbst verrichten konnten, doch mein Vater meinte: »Arbeitet er schon nicht viel, so soll er uns wenigstens fasten helfen. Wo will er denn sonst hingehen, jetzt? Hat auch schon einen grauen Bart.«

»Ist selber schuld«, antwortete die Mutter, »warum balbiert er sich nicht. Der Tritzel gefällt mir nicht, sie sagen ja, er wäre schon einmal eingesperrt gewesen.«

»Mußt nicht alles glauben, was sie sagen. Die Leut tun alleweil gern andere noch schlechter machen, als sie selber sind.«

»Und der Tritzel gefällt mir nicht«, wiederholte die Mutter, »er hat einen krummen Blick.«

»Einen krummen Blick hat er, weil er schielt«, sagte der Vater, »und fürs Schielen kann der Mensch nicht.«

»Da hast freilich wieder recht«, darauf die Mutter, »und wenn er jetzt im Märzen keinen anderen Platz findet und er auf der freien Weid müßt liegen, da mögen wir ihn doch lieber nehmen.«

Also war es verabredet worden. Aber bei der Aufnahme konnte mein Vater nicht unterlassen, den Tagwerker zu fragen: »Bist du nicht einmal in der Keichen gesessen?«

»Ja, das ist gewiß«, antwortete der Tritzel.

»Was hast denn angestellt?«

»Schon etwas der Müh wert, das magst dir denken, Waldbauer. Mir ist nicht zu trauen, mir!«

»Darf man's wissen?«

»Warum denn nicht! Im Arzbachgraben bin ich ein armer Kleinhäusler gewesen.«

»Deswegen werden sie dich doch nicht gestraft haben!« rief mein Vater.

»Armut ist halt ein Verbrechen«, versetzte der Tritzel sehr tiefsinnig. »Und weil ich meine Steuer nicht hab zahlen können, so sind die Pfändersleut gekommen und haben mir meine Kuh wegtreiben wollen. ›Die laß ich nicht!‹ schrei ich, und hau dem Pfändersmann eine ins Gesicht. Alsdann haben sie anstatt der Kuh mich fortgetrieben und eingesperrt.«

»Dem Pfänder hast eine gegeben!« lachte mein Vater auf. »Na, bleib halt da, Tritzel.«

Der Alte zog – aber so, daß es mein Vater nicht merkte – das runzelige Gesicht schief, blinzelte mit den fahlen Wimpern und murmelte in seinen Bart: »Ein Gusto, wie sich der anplauschen laßt! – Ja, freilich bleib ich.«

Und abgemacht war's.

Tat dann der alte Tagwerker Tritzel zuerst ein bissel Schnee schaufeln bei uns um den Hof herum, dann ein bissel Streu hacken, hernach ein bissel Dung führen mit der Schiebtruhe in den Garten hinaus. Dabei tat er mit uns fleißig die vierzigtägige Fasten halten und ein sittsames Leben führen. Als die Ostern nahten, gab mein Vater zu verstehen, daß der Tritzel nun im Frühjahr wohl auch anderweitig einen Platz finden würde, und jetzt war es meine Mutter, die sprach: »Weil er uns hat fasten helfen, der Tritzel, so kann er uns auch essen helfen; wer weiß, wo er sonst sein Weihfleisch und die Osterkrapfen finden kunnt.«

Also blieb der alte, graubärtige Bursch über das Osterfest in unserem Hause, aß sich gewissenhaft satt und führte gern christliche Gespräche. So sagte er am Ostermontag beim Mittagsmahle: »Heut sollen wir nach Emmaus gehen. Gehst mit, Bübel?«

Die Frage war an mich gerichtet. »Ja, nach Emmaus ginge ich mit!«

»Versteht sich!« begehrte die Mutter auf, »Kinder ins Wirtshaus!«

»Waldbäuerin«, versetzte der Tritzel ernsthaft, »vom Wirtshaus ist keine Red. Bei mir schaut das Christentum anders aus. Der Gang nach Emmaus ist ein heiliger Gang. Ein heiliger Gang, meine liebe Waldbäuerin! Wir gehen zu der Kreuzkapellen hinauf, dort werden wir den Heiland sicherer finden als im Wirtshaus – will ich meinen.«

»'s selb wär' eh wahr«, gab mein Vater bei, und ich durfte mit dem Tritzel gehen.

Die Kreuzkapelle stand etwa eine Stunde von uns, weiter oben im Gebirge, auf einem Waldanger. Wenn der Wetterwind ging im Sommer und dort das Glöcklein geläutet wurde, konnte man bei uns im Hof den Klang hören. In der Fastenzeit war die Kapelle ein beliebter Wallfahrtsort, kamen an jedem Freitag aus nah und fern Andächtige herbei, zündeten vor dem lebensgroßen Kreuzbilde, das in der Kapelle über dem Altare stand, Lichter an, beteten, legten bescheidene Opfergaben hin und gingen erleichterten Herzens wieder nach Hause.

Da in der Nähe dieses Andachtsortes keine Menschenwohnung war, so ging täglich von den Waldbauernhäusern ein altes Weiblein hinauf, um die Kapelle zu öffnen, zu schließen und das Glöcklein zu läuten.

Das war also unser Emmaus, zu welchem der alte Tagwerker Tritzel und ich auszogen – ein heiliger Gang, wie der Alte unterwegs wiederholt versicherte.

Der Weg ging über Wiesen, durch Wäldchen hinan, war stellenweise noch mit schmutzigen Schneekrusten belegt, stellenweise rann die Gieß, und stellenweise ging es über aperen Rasen. Bei jeder Wegbiegung blickte ich scharf aus, ob uns nicht der liebe Heiland entgegenkäme. Endlich sah ich von ferne aus dem Schachen hervortretend die Gestalt; sie schwankte langsam heran, kam immer näher, und als sie ganz nahe war, war es nicht der liebe Heiland, sondern das alte Weiblein, welches mit dem Schlüssel von der Kapelle kam.

»Jetzt wird doch einmal schön Wetter werden«, redete sie der Tritzel an.

»Ja, Zeit wär's«, sagte die Alte und trippelte fürbaß.

Als wir sie nicht mehr sahen, sagte der Tritzel: »Das ist sauber, jetzt hat uns die gewiß die Kapellen zugesperrt!«

»Ich lauf ihr nach, daß sie wieder zurückgeht«, war mein Vorschlag.

»Ah geh, hast denn du kein Herz für alte Leut!« verwies er mir, »den Weg etlichemal hin und wieder machen, wie ein Hundel! Die geht nicht mehr auf ihren ersten Füßen wie du! Wir werden uns schon helfen.«

Bei einer Wegzweigung fragte mich der Tritzel: »Geht's da links nicht hinauf zum Schützenhof?«

»Ja, da geht's hinauf zum Schützenhof.«

»Ist's wahr, daß er so viel Sachen haben soll, der alte Schützenhofer?«

»Ja, sie sagen, daß er reich ist«, war die Antwort.

»Nachher kommt der Schützenhofer in die Höll. Die Reichen müssen alle hinab«, sagte der Tritzel. »Aus Nächstenlieb sollte man machen, daß sie in den Himmel kommen.«

»Ist eh wahr«, gab ich bei.

Endlich kamen wir auf den Waldanger. Da lag der Schatten, nur die Baumwipfel standen im Sonnenschein. Auf dem Anger gab es noch Schnee, auch auf dem Dache der Kapelle lag er und ließ am Rande tropfende Eiszäpfchen herabhängen. Als wir dem Eingange nahe kamen, zog der alte Tritzel den Hut vom Haupt und glättete mit der anderen Hand sein graues Haar. Dann drückte er an der Türklinke. Da gab nichts nach, und er blickte mich betroffen an.

»Ja, weil sie zugesperrt hat«, sagte ich.

»Freilich hat sie zugesperrt, du Narr, sonst wär' es offen!« schnarrte er mich an. Das war mir zuwider. Folgerichtig war mein Wort und seines ebenfalls, aber warum denn so anschnarren!

Er ging rings um die Kapelle, als suche er einen zweiten Eingang. »Schau du!« rief er plötzlich, »da ist ein Fenster. Der Laden geht auf, so! Er ist zwar nicht groß, aber eine Spindel wie du kann hinein!«

»Eine Spindel wie ich«, war mein Aufbegehren; »nein, da schlief ich nicht hinein!«

»Ei freilich schliefst hinein, Buberl. Nachher schiebst von innen an der Tür den Riegel weg und läßt mich ein; wir knien uns hin vor das Kreuz und beten eins miteinand'.«

Vor das Kreuz hinknien und beten, das war freilich

verlockend, denn ich hatte den gekreuzigten Jesus sehr lieb und wollte ihm mit dem Gebet eine Freude machen. Ich ließ es also geschehen, als der Tritzel mich emporhob, ins Fenster steckte und tapfer nachschob, weil es doch ein bißchen eng herging an diesem Himmelspförtlein. Ein Ruck, und ich kollerte drinnen hinab. Auf einen Schrei, den ich ausgestoßen, fragte er draußen: »Hast du dir weh getan?«

»Weiß nicht, es ist ganz finster«, war die Antwort, denn ich konnte es nicht sehen, ob das Nasse an den Nüstern Blut war oder etwas anderes. Hernach machte ich mich an die Tür. »Schieb den Riegel zurück!« rief draußen der Tritzel.

»Es ist kein Riegel«, berichtete ich nach längerem Umhertasten.

»Lalli! Wird doch ein Riegel sein. Jedes Schloß hat einen Riegel.«

»Aber das ist ein eisernes Schloß, und man kann nicht dazu.«

»Ein eisernes? – Du verdammt! hätt ich bald gesagt, christlich Weih ausgenommen.« Also er draußen. Und fuhr fort: »Wart, Buberl, greif ans Fenster. Da hast eine Zündholzschachtel. Damit zündst die Kerzen an, die auf dem Altar stehen. – Raspel nur, raspel! Aber du raspelst ja auf der verkehrten Seiten, wo das Weibsbild pickt! Auf der rauhen mußt raspeln! So! Brennt's schon? Richtig, brennt schon, bist ein Buberl, ein braves. Kannst noch Mesner werden, du, oder gar Pfarrer und Bischof, und noch ein bissel später Papst. Ei, das wohl! – Du Buberl, weil du schon drinnen bist, geh schau, siehst auf dem Altar kein zinnernes Schüsserl nicht stehen?«

»Ja«, antwortete ich, »und sind mächtig viel Kreuzer und Groschen drin.«

»Hat's die Alte akkurat wieder stehenlassen!« sagte der Tritzel draußen in grollendem Tone. »Wenn man halt nicht überall nachschaut! Auf die alten Weiber ist hell kein Verlaß. Für was geht sie denn Brot sammeln bei den Bauern, wegen Kapellendienst, wenn sie doch aufs Geld nicht schaut! Schandbare Leichtsinnigkeit! Mach, Bub, gib's heraus! Das Schüsserl sollst mir herausgeben, das zinnerne Geldschüsserl!«

Jetzt, das kam mir nicht ganz richtig vor.

»Kirchen ausrauben?« sagte ich endlich.

»So ist's! Kirchen ausrauben kunnten sie, die Schelm', wenn man das Geld tät' stehenlassen da in der Kapellen!« sprach der Tritzel. »Kirchengut muß man wahren. Geh, Buberl, gib's heraus, schau, ich g'lang schon.« Reckte den Arm zum Fensterchen herein und krabbelte mit den langen, hageren Fingern in der Luft umher.

»O nein«, war mein Bescheid, »Kirchen ausrauben tu ich nicht.«

»Kindisch, wer redet denn von so was! Bei dem heiligen Gang so dumm reden! Dich wird unser Herrgott noch einmal recht strafen! Dem Herrn Pfarrer tragen wir das Geld hinab. Der Herr Pfarrer hat mich gebeten, daß ich ihm von der Kreuzkapellen das Geld möcht holen.«

»So hol's, Tritzel.«

»Wenn ich aber nicht hinein kann. Und du bist schon drinnen. Willst in den Himmel kommen?«

»Ja freilich.«

»So gib mir das Geld heraus!«

Ein kleines Weilchen überlegte ich, da war's, als flüsterte irgendwo jemand: »Tu's nicht! Tu's nicht!« Und laut war mein Schrei: »Nun, ich tu's nicht!«

»Waldbauern-Bübel, mach keine Geschichten!«

schmeichelte er draußen. »Dem Herrn Pfarrer muß man das Wort halten. Kannst ihn auch einmal zu brauchen haben. Steig nur auf die Betbank und gib's heraus. Verstreu nichts, jeder blutige Kreuzer ist heilig! Na, mach Bürschel, mach! Kriegst nachher was von mir.«

Es half ihm aber nichts. Und als er das endlich einsah, ging er fluchend von dannen. Der Boden knarrte, da er über den Schnee hinschritt gegen den Wald.

Ich war in eine trotzige Stimmung gekommen, ohne eigentlich recht zu wissen, warum. Als es jetzt aber ganz stille war in der dämmerigen Kapelle und die zwei von mir angezündeten Kerzen wie Totenlichter brannten vor dem Kreuzbilde, da begann mir unheimlich zu werden. Das Blut sah ich an den Händen und Füßen des Gekreuzigten, und als ich so hinaufstarrte zum blassen, dornengekrönten Antlitze mit dem gebrochenen Aug, da war's, als bewegte sich ein wenig das Haupt. Nur ein einzigmal – und dann war's wieder wie früher.

Mein Versuch, vermittels eines Betpultes zum Fenster wieder hinauszukriechen, mißlang; so faßte ich den vom Türmchen niederhängenden Glockenstrick und hub an zu ziehen, aber nicht gleichmäßig, sondern mit heftigen Zügen und in Absätzen, wie man die Feuerglocke läutet. Als die Erschöpfung kam, setzte ich mich an die Altarstufen und wartete auf einen Retter.

Es erschien weder der Tritzel noch jemand anderer. Schreien und Schluchzen, neues Zerren am Stricke. Vor Weinen und Läuten endlich ganz matt geworden, mußte mich der Schlaf übermannt haben. Als ich wieder zu mir kam, flackerte vor dem starren Kreuze nur noch eine Kerze in den letzten Zügen, die andere war niedergebrannt und ausgeloschen. Zum Fenster schaute die Nacht herein. Neu erwachende Angst gab mir zugleich neuen Mut; ich kletterte wieder auf die Betbank, zwängte mich durch das Fenster, diesmal zuerst den Kopf und den rechten Arm hinaus, und jetzt ging es. Ich fiel in den Schnee, blieb aber nicht lange in demselben liegen, sondern lief wegshin. Der Boden war gefroren, der Himmel sternenbesäet. Was ich bei all diesen Unternehmungen gedacht habe, weiß ich nicht – sehr viel kaum; wenn der Mensch so viel tut, hat er nicht Zeit zum Denken. Nun aber, als ich über die Felder hinablief und von weitem ein zuckendes Lichtlein sah, das immer näher kam, dachte ich: Am Ende kommt mir jetzt der liebe Heiland entgegen. – Und er war's. Voran schritt ein Knecht vom Schützenhof mit Laterne und Glöcklein, hinter ihm drein der Pfarrer in Chorrock und Stola, an seinem Busen das Sakrament bergend. Allsogleich kniete ich am Wegrande nieder, wie es Sitte ist, und bat um den Segen.

Der Pfarrer blieb stehen und sagte: »Das ist ja der Waldbauernbub. Warum bist du noch aus so spät in der Nacht?«

Hab ich denn erzählt, daß der Tagwerker Tritzel mich in die Kreuzkapelle gesteckt, um ihm das Opfergeld herauszulangen, und weil ich es nicht tun wollen, er mich im Stiche gelassen hätte.

»O, dieser Spitzbub!« rief der Knecht vom Schützenhofe aus. »Aber heut ist sein Krügel 'brochen. Hat den Ostermontag, wo die Leut im Wirtshaus sitzen, nicht unbenützt lassen wollen. Von der Kreuzkapellen in den Schützenhof, dort beim Bodenfenster einsteigen, Kästen ausrauben, vom Bauer derwischt und niedergeschlagen werden – Ja, mein lieber Waldbauernbub, das sind Geschichten! Und jetzt ist der Tritzel just beim Sterben.

Um den Geistlichen geht's ihm, ich glaub, diesmal ist's sein Ernst. Und so bin ich halt gelaufen bei der Nacht. Jetzt rucken wir wieder an, er wird hart warten.«

Der Pfarrer gab mir den Segen, dann schritten sie weiter. Noch lange sah ich das Lichtlein dahingleiten, bis es endlich zuckend zwischen dem Gestämme des Waldes verschwunden war.

RAINER MARIA RILKE

Emmaus

Noch nicht im Gehn, obwohl er seltsam sicher
zu ihnen trat, für ihren Gang bereit;
und ob er gleich die Schwelle feierlicher
hinüberschritt als sie die Männlichkeit;
noch nicht, da man sich um den Tisch verteilte,
beschämlich niederstellend das und dies,
und er, wie duldend, seine unbeeilte
Zuschauerschaft auf ihnen ruhen ließ;
selbst nicht, da man sich setzte, willens nun,
sich gastlich an einander zu gewöhnen,
und er das Brot ergriff, mit seinen schönen
zögernden Händen, um jetzt das zu tun,
was jene, wie den Schrecken einer Menge,
durchstürzte mit unendlichem Bezug –
da endlich, sehender, wie er die Enge
der Mahlzeit gebend auseinanderschlug:

erkannten sie. Und, zitternd hochgerissen,
standen sie krumm und hatten bange lieb.
Dann, als sie sahen, wie er gebend blieb,
langten sie bebend nach den beiden Bissen.

BERTOLT BRECHT

Karfreitag

Prolog

Als sie aber hinuntergingen in diesen Tagen
Zu ihren Gräbern, jeder zum seinen, ganz aufrecht
                       nicht, durch den Schmerz –
Denn sie hatten allzuviel schon ertragen –
Da sahen einige von ihnen himmelwärts.
Und der Himmel war trüb und grau und bedrückt.
Sieh, da geschah es, daß eine Stimme wie Erz
Wild auf sie fiel, von oben herabfiel, und einige hörten
                       die Stimme fragen:
Wo sind *eure* Helden? Ihr geht sehr gebückt! –
Da bog sich einer zurück und faßte sich mühsam und
                       hatte das Herz
Und hörte sich sagen:
Unsere Sieger liegen erschlagen.

Und siehe, da war es, als wäre allen
Göttlich aufstrahlend, von oben gezückt
Licht aus dem Himmel auf ihre trüben Stirnen
                       gefallen.

Gingen nun aufrecht und mühlos wie trotzige
                    Krieger
Als wären sie alle wie jene *Sieger* –
Und stolz und befreit ihrer Trauer entrückt.

Epilog

Abermals gingen einige über ein Feld zur Abendzeit.
Der Himmel war dunkel. Wind ging. Das Korn blühte
                    weit.
Sie gingen gebeugt und schwer im letzten Licht.
Ein fremder Mann ging mit ihnen. Sie kannten ihn
                    nicht.
Sie waren traurig, weil Jesus gestorben war.
Aber einmal sagte einer: Es ist sonderbar.
Er starb für mich. Und starb ohne Sinn und Gewinn.
Daß ich auch nicht leben mag; daß ich einsam bin.
Sagte ein anderer: Er wußte wohl nicht, was uns
                    frommt.
Sagte ein dritter: Ich glaube nicht, daß er wieder
                    kommt.
Sie gingen gebeugt und schwer im letzten Licht.
Ein fremder Mann ging mit ihnen. Sie kannten ihn
                    nicht.
Und einer sah übers Ährenfeld und fühlte seine Augen
                    brennen.
Und sprach: Daß es Menschen gibt, die für Menschen
                    sterben können!
Und er fühlte Staunen in sich (als er weiter spann):
Und daß es Dinge gibt, für die man sterben kann.
Und jeder hat sie und er hat sie nicht
Weil er's nicht weiß. – Das sagte er im allerletzten
                    Licht.

Es war ein junger Mensch. Es ging um die Abendzeit.
Der Himmel war dunkel. Wind ging. Das Korn blühte
weit.
Sie gingen gebeugt und schwer im letzten Licht.
Ein fremder Mann ging mit ihnen. Sie kannten ihn
nicht.

MARIE LUISE KASCHNITZ

Auferstehung

Manchmal stehen wir auf
Stehen wir zur Auferstehung auf
Mitten am Tage
Mit unserem lebendigen Haar
Mit unserer atmenden Haut.

Nur das Gewohnte ist um uns.
Keine Fata Morgana von Palmen
Mit weidenden Löwen
Und sanften Wölfen.

Die Weckuhren hören nicht auf zu ticken
Ihre Leuchtzeiger löschen nicht aus.

Und dennoch leicht
Und dennoch unverwundbar
Geordnet in geheimnisvolle Ordnung
Vorweggenommen in ein Haus aus Licht.

Ostern

Er lag ausgestreckt auf dem Bett und schaute in den fernen grauen Fensterhintergrund, gegen den zwei eckige Gestalten sich abzeichneten. Sie bildeten ein ungleiches Paar etwa wie Giraffe und Flußpferd, und alle nannten sie Don Camillo und Peppone.

Unter den beiden breitete sich das Häusermeer in flachen, langen Zeilen aus. Autobahnen mit unzähligen Über- und Unterführungen und schmale Gassen, wie die eines Gettos, durchschnitten diese steinerne Landschaft. Antonio konnte nur Don Camillo und Peppone sehen: zwei Hochhäuser, das eine schwarz und schlank, das andere rot und untersetzt. Er blickte in den Himmel und auf ein grünes Wacholderpflänzchen, das zwischen den beiden schwankte.

Antonio mußte waagrecht liegen, um die Wirbel seines Rückgrates zu schonen, die er durch zehnjährige Arbeit in gebückter Stellung verschlissen hatte. Zu Ostern wollte er eigentlich zu Hause in der Heimat sein.

Er drehte mit letzter Kraft die Augäpfel und konnte gerade noch den japanischen Quarzwecker erblicken, den er für seine Mutter gekauft hatte. Er sah sie in der Ferne lächeln, vor der vertrauten Landschaft der Osterprozession und sanft gewellter Wiesen, auf denen viele Weinkioske standen.

Um Antonio herum herrschten dagegen das Grau des Himmels und ein schneidender Wind, dem nur die Heizung des Silos für Gastarbeiter trotzen konnte. Dort wohnte er zusammen mit Giovanni.

Dieser war in der Stadt gewesen, hatte eine Kirchentür geöffnet, hineingeschaut und sich erschrocken zurückgezogen: Dunkle Pfeile schienen zum Himmel oder zur Erde zu zeigen.

War das eine neuartige Beschilderung für fliegende Pilger, die in den Himmel steigen oder in die Hölle stürzen wollten? Oder eine stumme Huldigung an die Argonauten des amerikanischen Weltraumschiffes? Antonio hätte vor Ostern fahren wollen, aber der Perserarzt mit Perserteppich und Perserkatze hatte es ihm verboten, und so mußte er sich mit dem Anblick der beiden Hochhäuser, mit dem roten und dem schwarzen, zufriedengeben.

In dem roten wohnte sein polnischer Kollege Anton Miller, der das rote Paradies verlassen hatte, um in die Heimat seiner Vorfahren zurückzukehren. Die Deutschen nannten ihn Milleranton oder einfach Anton, um ihn von Antonio zu unterscheiden.

Miller hatte versprochen, zu Ostern vorbeizukommen.

Sie würden Deutsch sprechen.

Im Laufe der Jahre hatten sie es gelernt, konnten mühelos fluchen und »Frohe Ostern« und »Ein gesegnetes Weihnachtsfest« wünschen.

Milleranton ging es eher recht als schlecht.

Er hatte die Familie mitgebracht und konnte sich von Anfang an verständlich machen, da er und die Seinen in Polen einen deutschen Dialekt gesprochen hatten.

Jetzt war er in die Heimat zurückgekehrt und fühlte sich wohler, auch wenn mal die Einheimischen ihn wegen der Aussprache komisch anschauten.

Das war ihm wurscht, denn hier durfte er sagen, was

er wollte und alles kaufen, sogar den polnischen Wodka mit dem Büffelgras, der in Polen ausschließlich dem Export vorbehalten ist.

Zu seiner größten Freude war er vielen, schlanken Freundinnen wiederbegegnet, mit denen er sich alle Sonntage nach der Messe unterhielt. Es waren die Birken, die Antonio erst hier kennengelernt hatte, da sie in Italien fast gänzlich fehlten.

Milleranton hatte ihm oft davon erzählt.

»Wer ist denn das?« fragte der ungläubige Antonio.

»Sind es Frauen oder Gänse?«

»Die Birken«, antwortete jedesmal Milleranton.

»Meine alten Bekannten mit dem weißen Gewand, die kenne ich seit meiner Kindheit, die haben mich wie Schutzengel während der langen Reise begleitet. Sie waren immer dabei von Polen bis hierher.«

Antonio beneidete ihn und dachte: Warum hat ihn der liebe Gott mit den Birken beglückt?

Ich habe in diesem flachen Lande weder eine Weinrebe, noch eine Artischocke, noch eine Aubergine vorgefunden. Er hat doch gewußt, daß ich hierher komme, daß ich auswandern mußte. Warum hat er nicht ein paar Kräuter aus meinem südlichen Gefilde in die Lüfte emporsteigen und hier landen lassen? Die sind winzig klein. Das hätte er mit der linken Hand gemacht, wo er viel größere Wunder vollzogen hat.

Fragen über Fragen, die ohne Antwort blieben.

Antonio blickte nach oben, gen Himmel, sah aber nur reine Luft. Der liebe Gott ließ sich nicht blicken.

Jedesmal, wenn Anton ihn besuchte, stellte ihm Antonio eine Flasche Kräuter-Grappa vor die Nase und zeigte auf Don Camillo und Peppone.

Anton war sehr beleidigt, als er die wahre Identität dieses Herrn erfuhr, denn er hätte nie und nimmer die Gastfreundschaft eines roten Bürgermeisters akzeptiert. Glücklicherweise hatte er kurz darauf die beiden streitbaren Genossen auf dem Video gesehen und so feststellen können, daß Peppone ein Mensch mit einem großen Herzen und einem richtigen Schnurrbart wie Lech Walesa war. Wäre er Pole gewesen, hätte er auch seine schöne Solidarnosč gegründet. So hatte sich Anton beruhigt und mit dem Wohnen in einem ganz roten Palast abgefunden, zumal das Hochhaus gut beheizt war und eine Zentralwäscherei und einen Aufzug mit Fotozelle hatte.

Antonio und Anton arbeiteten zusammen in der Fabrik. Sie saßen nebeneinander und montierten Dämpferbeine. Ringsherum gingen viele flotte Frauenbeine vorbei und lockten sie an. Oben unter der Hallendecke strahlte die leuchtende Motivation »Weil das Bein so wunderbar ist«.

Es waren die metallenen und nicht die fleischlichen Beine gewesen, die die Wirbel Antonios kaputt gemacht hatten. Nach zehnjährigem Montieren zeigten sich erste Verschleißerscheinungen.

Kurz vor Ostern hatte Antonio sonderbare Schmerzen gespürt und gleich dem Werksarzt davon erzählt. Dieser übergab ihn einer jungen Preußin, die mit wohlgeformten Beinen, d. h. keinen metallenen, versehen war.

Die unbarmherzige Frauensperson hatte zu energisch massiert, den Ischiasnerv gekitzelt und Antonio arbeitsunfähig gemacht.

Er hatte aufgeschrien, denn er war wehleidig wie die meisten Südländer.

Nach der Missetat wurde die Preußenmasseuse den

welschen Gast schnell los: Sie schickte ihn zum Perserorthopäden, der genau wie Antonio, Anton und Giovanni ein Einwanderer war.

Der östliche Doktor hatte ihn herzlich empfangen und sofort für krank und reiseunfähig erklärt.

Antonio mußte sich in den Emigrantensilo zurückziehen, laufend amerikanische Tabletten aus Plastik schlukken und in eine ziegelrote Flüssigkeit tauchen, die die Wanne füllte. Sie hatten eine schöne emaillierte, da sie Halbluxus-Einwanderer mit Bad und Elektroherd waren. Der Perserdoktor aber gehörte zur Luxusklasse und besaß eine Küche mit Infrarotstrahlen, eine V-8-Limousine mit 3-Balken-Kreuz, ein deutsches Diplom und eine deutsche Frau Doktor als Frau.

Von der Mulde voller roter Flüssigkeit aus dachte Antonio an die Heimat. Er sah viele sanfte Hügel, seinen Gemüsegarten, die Laube und die Rosenstöcke. Er stieg aus der Wanne und blickte abwechselnd auf das schmerzende Bein, Don Camillo und Peppone, den grünen Wacholder, der im Wind tanzte. Seine Mutter stand noch da in einem neuen Kattunkleid und zeigte auf die Spätleseflaschen, die er nach Deutschland mitnehmen sollte.

Giovanni hatte sich vormittags wieder in eine Kirche gewagt und nur ein paar Kinder entdeckt, die mit einigen spärlichen Weidenkätzchen hantierten.

Um zehn Uhr abends hatte er es nochmals versucht. Aus der Hauptkirche strömte eine kleine Prozession von frierenden Menschen, die, gegen den Wind ankämpfend, wie kleine Schiffe im Sturm davonliefen. Die Windstöße folgten unregelmäßig und unbarmherzig aufeinander und ließen den Baldachin flattern, die Kerzenflämmchen in den Laternen zittern.

Sie schienen manchen hageren Greis umwerfen zu

wollen, der sich krumm hinter den Geistlichen herschleppte und an die Weidenkätzchen wie an einen Rettungsring klammerte.

So böse war dieser nordische Wind und genauso geizig diese reichen Menschen aus dem Norden, die keinen Pfennig für einen richtigen Ölzweig herausrücken wollten. Giovanni hatte es Antonio berichtet, und beide waren übereingekommen, etwas im Fernsehen zu suchen. Sie hofften auf eine italienische Vision, auf Italien mit bunten Farben, lustigen Menschen und viel Sonne. Am Ostersonntag, Punkt zehn Uhr, hörte man die Klingel, gleich danach den leichten Hauch des Aufzugs, der zum siebten Stock hochfuhr, und einen Augenblick später vorsichtig an die Tür klopfen.

Anton erschien in Begleitung seiner Schwester Stanislava und mit einer Flasche polnischem Wodka in der Hand, von der Sorte mit dem Büffelgras, das Gegenstück zum italienischen Kräuter-Grappa.

Antonio lag ausgestreckt auf einer Bettcouch, links von ihm saßen Giovanni mit seiner deutschen Freundin Inge. Anton stellte die Wodkaflasche mitten auf den Tisch, gegenüber dem Grappa. Hoffentlich war zu Ostern eine Verständigung zwischen ausländischen Schnäpsen möglich. Er und Stanislava setzten sich rechts von dem Kranken.

Alle blickten sich in die Augen: sie waren von fremden Ländern gekommen, um in dieser falschen Heimat eine Arbeit zu finden.

Aber war sie so falsch?

Ubi bene, ibi patria – sagten die Römer.

Giovanni drückte auf eine Fernsehtaste, und die Römer erschienen in Scharen auf dem Schirm. Sie füllten mit fröhlichen Gesichtern einen runden, sonnigen Platz.

Antonio, Anton und Stanislava, Giovanni und Inge erkannten sofort den Ort der Handlung. Sie sahen auf einem großen Stuhl eine wohlbekannte Gestalt, einen Menschen, der sowohl polnisch als auch italienisch sprach.

Es war Paul aus Polen.

Die helle italienische Landschaft und Sonne strahlten die kleine internationale Gesellschaft an und brachten ihr ein bißchen Freude. Man trank mal ein Glas Wein, mal einen Schluck Wodka, man blickte auf den sonnigen Platz und beobachtete den Segen »urbi et orbi«.

Nach der Zeremonie wurde Antonio von den vertrauten Visionen der Osterspeisen ergriffen. War dieses Gefühl ein Erzeugnis seiner Sehnsucht nach der Heimat oder kam es eher aus den Töpfen in der Küche, die bekannte Düfte ausströmten?

Um 12 Uhr brachte Inge eine große Spaghetti-Terrine mit Sardellensoße auf den Tisch, wo bereits eine Soave-Flasche thronte. Alle aßen mit Freude, die sie wiederholt zum Ausdruck brachten. Anton und Stanislava waren von der südländischen Speise sehr angetan und begossen sie gern mit dem trockenen Wein aus Verona. Giovanni erschien mit einem blauen Bunzlauer Teller, auf dem ein kleiner Berg roten Radicchios aus Treviso glänzte und den Blick der Anwesenden wie ein schönes Gemälde auf sich lenkte. Das Stilleben hatte ein kurzes Leben: Die Tischgenossen stürzten sich auf das schmackhafte Gemüse und verzehrten es im Nu. Dann legten sie eine kleine Pause ein und genossen als Krönung des Essens den als Taube geformten Osterkuchen. Sie waren zufrieden: Sie hatten viele schöne Worte – auf italienisch und polnisch – gehört und fühlten sich nicht mehr fremd, auch wenn ein blindes Schicksal sie zusammengeführt hatte wie winzige von fernen Winden getragene Blätter.

Zu guter Letzt tranken sie ein Gläschen Wodka mit dem Büffelgras.

Anton und Stanislava zogen sich zurück und entschuldigten sich mehrmals, da sie die neuen Freunde verlassen mußten, um die alten zu besuchen. Sie wollten in den Wald, um den Birken frohe Ostern zu wünschen.

Auch Giovanni und Inge entfernten sich, um ein paar Schritte zu machen und eine alte Bekanntschaft aufzufrischen.

Sie konnten sicherlich nicht bei dieser kalten Witterung mit Ölbäumen oder Oleandern aufwarten, aber sie hatten ein kleines Treibhaus, wo Radicchio, Salbei, Basilikum, Rosmarin und Zucchini wuchsen. Sie gingen dorthin und betrachteten diese grünen Lebewesen, die sie seit immer kannten.

Eine Amsel setzte sich auf eine Kante des Treibhauses nieder. Es war eine von der Sorte, der man in Italien begegnet. War sie nach Deutschland ausgewandert? Er stellte sie auf die Probe: Er pfiff wie damals in der Heimat bei seinem Onkel. Der Alte, der in jungen Jahren genau wie Giovanni ausgewandert war, besaß einen Fasan, eine Wachtel, mehrere Tauben und eine Amsel, mit der er sich unterhielt. Er hatte dem Neffen das Sprechen mit Vögeln beigebracht, und das exerzierte jetzt Giovanni in fremdem Lande. Er pfiff weiter, weil die Amsel nicht gleich verstand. Aber bald antwortete sie richtig, wie ihre italienischen Schwestern, die bei ihm zu Hause zwischen den Reben hüpften. Giovanni war froh.

Er hatte eine alte Freundin gefunden. Er beneidete nicht mehr den Polen und seine Birken, die weder singen noch hüpfen konnten. Antonio lag mutterseelenallein auf dem Sofa. Er blickte in die Ferne, über Don Camillo und Peppone hinaus, in das unendliche Grau.

Was tat zu dieser Zeit seine Mutter?

Sie war alt, aber jung verwitwet. Mit Kindern.

Und die Geschwister? Wo waren sie geblieben?

* * *

Ostern

Wenn die Schokolade keimt,
Wenn nach langem Druck bei Dichterlingen
»Glockenklingen« sich auf »Lenzesschwingen«
Endlich reimt
Und der Osterhase hinten auch schon preßt,
Dann kommt bald das Osterfest.

Und wenn wirklich dann mit Glockenklingen
Ostern naht auf Lenzesschwingen, – – –
Dann mit jenen Dichterlingen
Und mit deren jugendlichen Bräuten
Draußen schwelgen mit berauschten Händen – – –
Ach, das denk ich mir entsetzlich,
Außerdem – unter Umständen –
Ungesetzlich.

Aber morgens auf dem Frühstückstische
Fünf, sechs, sieben flaumweich gelbe, frische
Eier. Und dann ganz hineingekniet!
Ha! Da spürt man, wie die Frühlingswärme
Durch geheime Gänge und Gedärme
In die Zukunft zieht
Und wie dankbar wir für solchen Segen
Sein müssen.

Ach, ich könnte alle Hennen küssen,
Die so langgezogene Kugeln legen.

O Welt in einem Ei

O Welt im Ei, von Haut
Und Schale rings umgeben!
Wenn dich die Sonne schaut,
Beginnt dein freieres Leben.

Dann lebst du, wie dein Ahne will,
Als Strauß, als Fisch, als Krokodil,
Als Huhn ein Mehrerwachen,
Ein größeres Glück und größere Qual
In einem weiteren Oval.
Bis neue Schalen krachen.

O Welt in einem Ei,
Wie Wichtiges entscheidet sich,
Geht deine Wand entzwei.
Vielleicht verschlingt man, kocht man dich,
Ißt dich mit Senf, mit Kaviar
(Störs ungezählten Eiern!).

Und wenn sie Ostern feiern,
Die dich verschlucken roh und gar,
Dann lachen sie und spaßen
a conto Osterhasen.
Doch wer von ihnen denkt dabei
An dich, du Mikrowelt in einem Ei?!

Ostermärchen

Es war einmal ein kleiner Junge, dem träumte in der Nacht vom Ostersamstag zum Ostersonntag, er läge nicht in seinem Bettchen in der warmen Stube, sondern draußen auf der Wiese unter dem blassen Vollmond und den silbernen Sternen. Dort läge und schliefe er, warm eingehüllt, damit ihm der Nachtwind nicht schade, der die Blütenzweige über ihm leise bewegte. Und ihm zu Häupten – so träumte ihm – stände ein mit Blättern ausgelegtes Körbchen auf dem Rasen, und drei Osterhäslein wäre damit beschäftigt, die schönen Eier, die in dem Körbchen lagen, zu ihm hinzutragen, sie ihm sacht unter die Hand zu schieben und auf den Arm zu legen; und wenn er dann erwachte, dann würde er all die schönen Eier finden und mit ihnen zu Vater und Mutter springen dürfen.

So träumte unser kleiner Junge in der Nacht zum Ostersonntag.

Als es aber zwischen fünf und sechs Uhr morgens war – oder war es noch nicht einmal so spät –, da erwachte Fritz, denn so hieß der kleine Knabe, und sprang aus dem Bette. Nun, Eier lagen freilich keine auf seinem Arm oder in seiner Hand – das mußte ihm also wohl bloß so geträumt haben. Aber Ostermorgen war es wirklich. Da sollte man doch wenigstens in den Garten hinunterschauen, denn wer weiß, wer weiß ...? Und Fritzchen stieß rasch die Fensterläden auf – da stand aber sein Mäulchen auch gleich offen, ganz ebenso offen wie die Fensterläden. Nein, seht doch, seht doch nur!

Was war das aber auch für eine Ostermorgenpracht! Der Himmel war von der ersten Morgenröte so zart und rosig gefärbt, wie das eben nur an einem Ostermorgen sein konnte, wo auf allen Beeten Ostereier lagen, kreuz und quer, große und kleine in allen Farben, so daß der Himmel durchaus nicht zurückbleiben durfte, sondern zeigen mußte, daß auch er in gar köstlichen Farben prahlen und strahlen könne, er, der junge leuchtende Ostersonntagsmorgenhimmel, über dem noch die letzten blassen Sterne der Nacht funkelten, wie als ob auch sie noch ein klein wenig von all der Osterherrlichkeit erhaschen wollten.

Draußen im Garten aber begann jetzt ein reges Leben. Hin und her sprangen die munteren Osterhäschen, legten noch hierhin und dorthin ein schönes buntes Ei, das eine nach dem einen Ende des Gartens, das andere nach dem andern. Und welche wieder saßen mit gespitzten Ohren – oder vielmehr Löffeln (denn so nennt man ja die Ohren des Hasen) – um einen Eierkorb und bewachten ihn, bis dann später die Kinder kämen. Inzwischen ging die Sonne schon halb auf, und der Mond, der alte Nachtwächter, wurde immer schläfriger und schläfriger und dachte: Jetzt werde ich wohl auch bald nach Hause gehen können.

Ja, das war eine drollige Geschichte! Saß da auch so einer von unseren fleißigen Osterhäschen unter den lieblichsten Blütenzweigen, die man sich denken kann, und legte eben ein wunderschönes Osterei nach dem anderen – als vier Schmetterlinge angeflogen kommen und ihn ganz ohne Scheu umflattern. Ja, der eine hält gar seinen weichen, braunen Rücken für ein höchst behagliches Ruhekissen, auf dem man sich – warum auch nicht? – wohl auf eine Weile niederlassen und ausrasten könnte. Unser kleiner Hasenfreund hat zwar gegen diese lichtfarbigen Sommerkinder sonst nicht viel einzuwenden – aber sollte das nicht schließlich doch über den Spaß gehen? Man ist doch ein großer, ausgewachsener Hase und darf also wohl einen gewissen Respekt fordern! Wo käme die Welt denn hin, wenn solch ein kleiner kecker Geselle sich einem einfach auf den Rücken setzen dürfte, als wäre man nur eben ein Sofa für ihn – und das noch dazu während eines so wichtigen Geschäftes! Nein, nein, man darf unserem Freund sein sehr erstautes Gesicht wahrlich nicht übelnehmen, auf dem unverkennbar geschrieben steht: Ich finde das sehr, sehr merkwürdig!

Es mochte acht oder neun Uhr sein, da gingen die Eltern mit den Kindern durch den Garten. »Nun wollen wir doch einmal sehen«, sagten sie, »ob euch die Osterhasen auch schöne Eier versteckt haben!« Voraus aber ging Nesthäkchen, das Kleinste, und richtig! Da hatte es auch schon drei Eier gefunden, die auf einem Häuflein zusammenlagen: ein rotes, ein blaues und ein gelbes Ei. Der Vater aber streckte die Hände aus und rief: »So, nun gib sie mir, mein Liebling! Und ich gebe sie dann der Mutter in ihr Körbchen, nicht wahr?« Die Mutter aber sah gerade zu dem Blütenstrauch hin, unter dem Fritz eine Menge Ostereier entdeckt hatte – was ja freilich auch nicht gar so schwer war. Fritz aber war gleichwohl ganz stolz darauf, als wäre er wunder wie schlau gewesen.

»Was meinst du«, sagte der eine Hase draußen auf dem Wiesenhügel zum anderen, »sollten wir nicht durch dieses offene Fenster hier in die Wohnstube hineinhoppeln?« »Ja, ja, das tun wir«, meinte der andere. »Denn hier draußen, da haben wir ja den Leuten vom Hause schon eine ganze Osterbescherung aufgebaut – also werden sie wohl nichts dagegen haben, wenn wir unsere Ostereier auch noch drinnen verstecken.« »Gewiß nicht«, sagte der andere.

»Und dann, weißt du, gibt es nichts Lustigeres, als solch ein Wohnzimmer heimlich mit Ostereiern auszulegen. Da macht man zuerst die schönsten Figuren auf dem sauberen weißen Tischtuch, und dann kommt die Kommode an die Reihe und dann der Lehnstuhl und dann das Sofa.«

»Also dann los! Hopp du nur voran, ich komme schon mit.«

Als die Osterhasen nun mit allem fertig sind und richtig in der Stube drin sitzen und mit ihnen noch drei kleine Hasenkinder, die so lange gebettelt hatten, bis sie ihnen erlaubten, mitzukommen – da läuft plötzlich Nesthäkchen herein, das jüngste Töchterchen, das ein paar Stunden früher ein rotes, ein blaues und ein gelbes Ei gefunden hatte. Das sieht nun die Hasen und Hasenkinder ganz einfach auf dem Tisch und dem Sofa und den Stühlen sitzen, so als wäre das ganz selbstverständlich. Und nun gucken sie sich ganz erstaunt an, Nesthäkchen und das eine Hasenkind, das eine Hasenkind und Nesthäkchen. Aber fürchten tun sie sich nicht im mindesten voreinander, das kleine Menschenkind und das kleine Hasenkind – und das ist recht so, und das ist gerade das Schöne dabei. Nur der eine alte Hase, der macht einen gewaltigen Satz vom Tische weg. Da sind die Hasenkinder doch viel vernünftiger.

Bim Bam Baum Bom – Bim Bam Baum Bom – das läutet und läutet vom Turm, und die Schneeglöckchen und Märzbecher und die anderen kleinen Blumenglokken läuten auch noch dazu, nur sehr viel leiser und ferner: Bim Bam Baum Bom . . .

Ach, dieses viele Herumlaufen und Eiersuchen! Soll man da nicht ein ganz, ganz klein wenig müde werden dürfen? Bim Bam Baum Bom – so wohl und so fein läutet es dich in Schlaf und Traum. Was läutet er wohl, der Glockenturm mit den vielen schönen Glocken? Ei, das will ich dir wohl sagen: er läutet Ostern ein!

»Ostern?« sagst du, »nun ja – Ostern!«

Weißt du denn auch so recht von Herzen, was Ostern ist? Ostern oder Auferstehungszeit? Ja, du liebes Kind, fühlst du denn auch so recht, was das für ein Fest ist, das diese Glocken dort vom Turm so freudig einläuten mit ihrem hellen, klingenden Bim Bam Baum Bom, daß die Lerchen, die droben im blauen Himmel jubilieren, kaum wissen, wie sie mit ihren kleinwinzigen Kehlen da noch mitkommen sollen? Heute, in dieser heiligen Osternacht, da waren der Winter in seinem großen weißen Schafspelz und der Frühling in seinem leichten blau und weiß gestreiften Anzug zum letztenmal zusammen. Denn da hat der alte Winter seinem Sohne auf die Schulter geklopft und hat ihm seinen Königsring gegeben, seinen Königsring aus purem Golde und einem purpurnen Edelstein inmitten, und hat zu ihm gesagt: »So, jetzt sei du König. Ich bin alt und will in meine Höhle hinten im Walde gehen, da, wo der Dachs wohnt, unter den vom Wind gestürzten Tannen, und der Uhu, der nachts umherfliegt und seinen Ruf ruft und mit seinen glühenden Augen durch die finsteren Zweige äugt. Da, ja, da gehöre ich nun hin – und in diese Welt hier« – dazu machte der Winter eine große, alles umfassende Handbewegung über die junge Wiese hin, auf der sie standen und aus deren schwachem Gras schon die Märzveilchen lugten, und über die jungen Wälder, in denen die weißen, zarten Birken zu knospen anfingen und die Kätzchen schon munter sprossen, und über den jungen Himmel hin, an dem eine ganz große Herde grauweißer Lämmerwölkchen dahinzog und wartete, bis Mond und Sterne untergegangen wären und sie die liebe rote Sonne auf ihren Pelz kriegen würden –, über all das machte der Winter solch eine mächtige, weit ausladende Handbewegung hin und sagte: »In diese Welt gehörst jetzt du. Jetzt blase du dein süßes, gewaltiges Hirten- und Auferwekkungslied, daß die Erde zu blühen anfängt wie ein einziger wunderseliger Garten und morgen früh alle Menschen, groß und klein, alt und jung, wissen und sehen und schmecken und fühlen, daß du gekommen bist, du, der Frühling, mein lieber Sohn! Den Tag aber, wo sie das zum erstenmal so ganz überwältigend sehen und schmecken und fühlen (also den morgenden Tag, wenn du nur recht dein Werk tust), diesen Tag, den nennen die Menschenkinder Ostern nach deiner lieben Mutter, meiner königlichen Gemahlin Ostara, von der du all deine Schönheit und deinen Frohsinn geerbt hast, du wilder Zauberer und Götterliebling!«

Und wie er das so sagte, der alte weißbärtige Winter, und dabei sich auf die flachsblonden Goldlocken seines Sohnes niederbeugte, um ihn zu segnen, da wurde ihm ganz weich ums Herz, so daß ihm ein riesiger Eiszapfen auf der linken Wange schmolz und auf den Frühling in seinem leichten Anzug herniedertropfte. Da lachte der sein hellstes Lachen und rief, indem er die Arme schnell noch einmal um den Vater schlang, ihn mitten auf den Mund küßte und dann nach dem Wander- und Hirtenstab sprang, der unweit über dem munteren Wiesenbach quer drüber gleich wie ein Brücklein lag: »Aber Herr Vater! Wir sehen uns doch wieder im Oktober oder im November oder spätestens zu Weihnachten – oder glaubt der Herr Vater, ich würde dies Jahr nicht wiederkommen mit meinem Korb voll pausbäckiger Äpfel und ...«

».. und daß du mir ja guten Wein mit heimbringst«, lachte der Alte nun auf und wischte sich mit dem Schafspelzärmel den Rest des Eiszapfens vom zwinkernden Auge. »Soll geschehen! Soll geschehen!« hallte es nun schon von jenseits des Baches wider; denn der Frühling begann jetzt auszuschreiten, um sein großes Auferweckungswerk zu vollbringen.

»Vergiß mir auch die Kinder nicht, und daß die Osterhasen auch ihre Pflicht tun!« war das letzte, was er von dem Alten noch hörte.

Dann zogen sie ein jeder seines Weges, der Winter in seinen Wald und der Frühling hinaus über die weite Erde.

Seht ihr, das hat nun alles der kleine Junge hier auf der Wiese geträumt, und ganz gewiß waren es die Blumenglöckchen, die ihm diesen Traum vom alten Winter und vom jungen Frühling zugeläutet haben.

Denn, Kindlein, alles, was Glocken heißt, das hat ja der Frühling besonders lieb. Das muß ihm wecken helfen. Die Augen, die weckt er mit all den köstlichen bunten Farben, mit dem Blau des Himmels, dem Gelb der Schmetterlinge, mit dem Grün der Wiesen und dem Rot der Blumen. Und damit auch, wie solch ein Pflänzlein geformt und gebildet ist: bald als Stern, bald als herzförmiges Blatt, bald als ein Becherchen, aus dem die Bienen trinken werden, bald als ein Glöcklein und bald als ein Röcklein. Die Nasen aber weckt er mit all dem süßen Duft, der aus hundert und aber hundert Blütenkelchen steigt, und die Ohren, die weckt er auf mit dem Gesang der Vögel und dem Jubel der Kinder und dem Summen der Bienen. Doch das genügt ihm immer noch nicht: und da ist er denn über die Maßen froh, daß die Menschen Türme gebaut haben mit Glocken darin, ganz eigens dafür bestimmt, ihm wecken zu helfen. Aber selbst das wäre ihm noch nicht genug. Denn wenn nun doch ein Kind trotz all der lauten Turmglocken mitten auf der Wiese mitten in der Morgensonne und noch dazu neben einem Korb, gefüllt mit großen bunten Ostereiern, eingeschlafen ist wie unser kleiner Fritz? Ja, was dann? Dann braucht er eben noch andere Glocken; solche, die noch ganz anders läuten als die großen, plumpen Glocken aus Kupfer und Eisen; solche, die man nur hören kann, wenn es so still in einem ist, daß man sonst gar nichts hört von der ganzen Welt um einen herum; die einen ganz drinnen, ganz tief drinnen aufwecken, daß auch die kleinsten, verborgensten Herzlein des Frühlings voll werden, daß alles Gute und Liebe in ihnen die Augen aufschlägt. Dann sagen solche Herzlein wohl ganz leise im Traum: »Oh, wie gut ist doch das alles! Wie gut sind Vater und Mutter, wie sorgen sie für mich, wie beschenken, wie erfreuen sie mich. Und auch die lieben Osterhasen, daß auch sie an mich gedacht haben! Und all die Blümchen und Vöglein und Schmetterlinge, wie gut sind sie alle! Ich will auch gut sein, ich auch, ich kleiner Mensch, ich will auch so lieb und gut sein wie sie alle, mein ganzes Leben lang.«

Ihr Kinder, liebt mir die kleinen Glockenblumen und tut ihnen, ihnen ganz besonders, nie etwas zu Leide. Dafür, müßt ihr wissen, begleiten sie euch auch überallhin, wohin ihr nur kommt: ihr findet sie im Tale wieder und auf den hohen Bergen und am Meeresstrande – und immer werden sie euch etwas Liebes zu sagen haben, wenn ihr müde geworden seid und die großen ehernen Glok-

ken der Welt nicht mehr hört und auf der Wiese einge-
nickt seid wie hier unser kleiner guter Fritz.

Als der Abend dieses schönen Ostertages gekommen
ist und die Kinder in ihren Bettchen liegen, da setzt sich
die Mutter noch ein Weilchen zu ihnen und erzählt ein
wenig von der weiten Reise der Sonne, vom Ostermond
und von den Sternen. Dann singt sie ihnen ein Schlum-
merliedchen, und das wollen wir nun alle ganz leise mit-
singen:

> Träum, Kindlein, träum!
> Im Garten stehn zwei Bäum.
>
> Der eine, der trägt Sternlein,
> der andere Mondenhörnlein.
>
> Da kommt der Wind der Nacht gebraust –
> und schüttelt die beiden mit rauher Faust.
>
> Das Mondenhörnleinbäumlein steht,
> als wäre gar kein Wind, der weht.
>
> Dem Sternenbäumlein aber, ach,
> dem fallen zwei Sternlein in den Bach.
>
> Da kommen zwei Fischlein munter –
> und schlucken die Sternlein hinunter.
>
> Und hätte es nicht sterngeschnuppt,
> so wären sie nicht so schön geschuppt.
>
> Träum, Kindlein, träum,
> im Garten stehn zwei Bäum ...

Der eine, der trägt Sternlein,
der andre Mondenhörnlein . . .

Träum, Kindlein, träum . . .

ALBRECHT GOES

Kindheitsostern in der Großstadt

Nur ein Hof und halb ein Garten,
Zehn, zwölf Schritte im Geviert,
Wie, wie haben sich Akazie
Hier und Rotdorn herverirrt?

Wohl, ein wenig Gras, und bläßlich
Der Aurikeln schmaler Saum,
Und du siehst die Teppichstange,
Und den Himmel siehst du kaum.

Amsel nicht und goldner Imme
Flügelschlag, nicht kehrt er ein
Menschenlos nur blickt aus hundert
Fenstern still und streng herein.

Aber Ostern! Kinderostern,
Enkeltag und Ahnenbild,
Und das Nest ist leicht gefunden
Und die Sehnsucht früh gestillt.

›Führst du mich, mein Kind?‹, ›Ich führe.‹
Und der Treppen sind es vier.
Und rund um das Ei geschrieben
Steht: dies Ei, ich schenk es dir.

Gingen Jahre – und ein Garten
Kam, ein Wunder kam herbei:
Weg und Waldung, Blumenwiese,
Moosversteck und Jubelschrei,

Buntes Ei und farbger Zucker,
Hasenpracht und Marzipan.
Wie geschiehts, daß einer plötzlich
Nichts als sich verbergen kann?

Wer begreift solch närrisch Wesen
Und so wunderlichen Sinn,
Wer, daß ich nach jener ersten
Rotdornhecke durstig bin?

Und ihr fragt mich, was ich finde,
Geh ich weiter weit zurück?
Einen kleinen Becher Armut,
Einen großen Becher Glück.

PETER HUCHEL

Ostern in Alt-Langerwisch

In den Ostern, da wir Kinder waren,
und im Traufenblech der Schnee zerschmolz,
sprang mit seinen Grannenhaaren
uns der Hase aus dem Holz.

Durch den Distelwust, die holz'gen Stoppeln,
und umknarrt vom Krähenpaar,
sahn wir ihn auf langen Läufen hoppeln,
der zerstruppt und wollig war.

Hinten wippte seine weiße Blume
und ein Ohr hing schief und lang.
Aus dem Maulwurfsschwarz der Ackerkrume
schoß der Krokus, wo er sprang.

An der Brache, von der Schmelze moorig
und noch ohne Löwenzahn,
saß er horchend hoch und löffelohrig,
schaute braun und gut uns an.

Nur die Haare zitterten am Barte,
Sonne plusterte das Fell.
Und er zuckte mit der Lippenscharte,
hörte er vom Dorf Gebell.

Plötzlich schlug er seinen Haken
ins Gestrüpp im Zickzacklauf,
riß den klammen Weidenzacken
goldbepelzte Knospen auf.

Rauhreif stäubte, dünn wie Kleie,
fegte er den Garten hart.
Und am Bärlapp, am Salbeie
strich er seinen nassen Bart.

Und wir hetzten über Strunk und Knollen
unterm Wind dem Hasen nach,
der sich duckte in den Lehm der Schollen
und durch Lattich raschelnd brach.

Dreimal jagte er uns um die Scheune
und verschwand wie Zauberei.
Doch im Laubloch und im Nest der Zäune
lag sein feuerbuntes Ei.

HEINRICH LAUTENSACK

Altbayerische Osterspiele

Einen oder auch zwei Sonntage vor dem Palmsonntag
geschieht's schon allemal, daß der eine oder andere
Bursch auf dem Platz vor der Kirche was über und über
schön rot, hellblau oder lichtgelb Gefärbtes aus der heilig
behüteten Rocktasche zieht: »Willst einmal? – Aber
das eine, das sag' ich dir: mein Osterei ist stark, furchtbar
stark! – Es ist von unsrer Perlhenn'!«
    Und er probiert's noch einmal für sich auf die Stärke,
das heißt er hebt's an den Mund und läßt's mit der

Spitze elektrisch schnell gegen das Email seiner Zähne klappern. Und solches Manöver vollführt er mit der rechten Hand, während er die linke, um besser hören zu können, muschelartig gegen das linke Ohr hält.

Und der nach Bauernmode breitliegende linke Aufschlag seines Rockes ist fortan – bis gen Pfingsten schier – überhaupt nur noch dazu da, die Farbe an der Spitze des gefärbten Eis an sich abwischen zu lassen, grad so lange, bis die natürliche Farbe der Eierschale wieder zum Vorschein kommt, denn die künstliche Farbe an der Spitze ist nach allgemeiner Anschauung etwas, das beim »Probieren« sehr täuscht und die letzte feinste Nuance der »Stärke« unterschlägt.

Und vor lauter Probieren sind die Lippen bald in allen Farben geschminkt – und der linke Rockaufschlag ist bald ein Spiegel, so farbentoll, als gäbe er getreu die heurige Futterwiese hinterm Bauernhof um Ende Mai und Anfang Juni wieder.

Das Spiel aber ist dieses: ein jeder behauptet natürlich sehr herausfordernd, daß die Spitze seines Eies die allerstärkste sei, wobei der Pedigree (Stammbaum) der Henne eine ebenso wichtige Rolle spielt wie nur der eines Derbyfavoriten … und dann geht's an ein gegenseitiges Prüfen, wobei das Email der Zähne alleweil der Prüfstein und der linke Rockaufschlag immer wieder das bald arg strapazierte Abwischtuch ist … und dann tritt unter fiebrigster Spannung aller Umstehenden der große Moment ein: die beiden Spitzen werden aufeinander losgelassen grad wie die stolz gefiederten und heiß gespornten Väter dieser beiden unausgebrüteten Hennenkinder – und knicks! die eine Spitze ist perdü.

Ein »Hahnenkampf« noch in der Eierschale!

Und der die Spitze des feindlichen Eies eingeschlagen,

dem verfällt damit das ganze gegnerische Ei. Und der Sieger vieler solcher österlicher Turniere kann sich aus seiner Beute mit Zuhilfenahme von etwas Brunnenkresse und Essig und Öl und Pfeffer und Salz entweder einen schmackhaften Ostersalat machen, oder er kann aus einem anderen Ostereierspiel ein sehr lukratives Geschäft machen – aus dem Spiel des »Eiereinwerfens«.

Und das ist dieses Spiel:

Du ballst eine gelinde Faust und nimmst das Ei zwischen gekrümmten Zeigefinger und Daumen. Und dein Gegner hält mit seiner Linken diese deine das Ei darbietende Faust und schleudert aus seiner Rechten irgendeine Münze (ein Ein- oder Zweipfennigstück, ein »Fünferl« oder ein »Zehnerl«, einen »Fünfziger« oder gar eine Mark) mit dem heißen, wilden, wütenden Wunsch gegen das Ei: die Münze möchte daran nicht abprallen, sondern darinnen steckenbleiben. Und das erfordert vom Gegner eine gar große Geschicklichkeit und aber von dir selber eine noch weit, weit größere, schier helden- oder märtyrerhafte Unempfindlichkeit, was die sonst so empfindlichen Knöchel all an deinem Daumen und Zeigefinger anbelangt.

Denn: Ist dein Gegner geschickt und bleibt seine erste Münze gleich im Ei stecken, verbleiben dir zwar deine Knöchel unversehrt, aber dein Gegner gelangt dafür in den unanfechtbaren Besitz deines immerhin kostbaren Ostereies.

Im anderen Falle aber regnen dir die Münzen nur so in deinen Beutel (jedes fehlgehende Geldstück ist dein) – aber ach, wie viele trafen dich ausgerechnet da, wo du leider, leider wenig Fleisch und aber desto empfindlichere obenerwähnte Knöchel und Knöchelchen besitzest.

Und manchmal sogar kommt's vor, daß einer an dich herantritt und bei dir »'s Einwerfen probieren« möcht', der dir seit der vorletzten Kirmes schon nicht mehr grün ist und sich's nun einen Batzen kosten lassen will, das heißt, der immer wieder absichtlich fehl zielt und dem das bißchen Ei nichts ist und aber dem dafür deine unterschiedlichen Knöchel alles sind.

Da heißt's dann aushalten, absoluteste Unempfindlichkeit markieren, um ihm schon dadurch und hier vor aller Augen zu beweisen, daß man ein Kerl ist, und ihm gleichzeitig anzukündigen, daß man diesen Beweis allernächtens »unter vier Augen« vollends zu Ende zu führen gedenkt.

Nicht selten, daß gut bayerische »Händel« vorerst mal entweder »zur Probier« aber auch zur Abschreckung in dieser immer noch einigermaßen harmlosen Form ausgetragen werden.

Nicht selten aber auch, daß dieses unter besten Freunden ganz unschuldig angefangene Spiel ein paar Sonntage später mit einer gräßlichen Messerstecherei endet.

Bleibt noch ein drittes Spiel zu nennen, das Bauernburschen und -mägde gern zu Hause spielen »auf der Wies' heraußen vorm Hof« – im ersten Grünen und unter den ersten Feldblumen um die schöne, schöne Osterzeit.

Da läuft eins in die Stube und bringt einen Stuhl, und ein andres läuft in die Tenne und kommt mit zwei Heugabeln wieder. Und dann wird von der Höhe der Stuhllehne bis hernieder in den Grasboden mittels der zwei langen Gabelstiele eine schiefe Ebene hergestellt, die zugleich eine artige Rinne ist, in der die Eier artig herabkugeln können. Und das ist dann ein »Haschemich«-Spiel unter Eiern. Und wessen Ei eines andern Ei tief im ersten Grün und unter den lieben ersten Blümlein hascht, der ist Sieger.

War aber der Winter ein gar langer und dieserhalb die Freude schier eine mächtigere als sonst, wie's endlich dennoch auf die Ostern zuging, da stellt sich dann sehr leicht der Übermut ein und lacht verschmitzt: »Was stell' ich nur an? Himmelherrgott, ich möcht' gar was Lustiges anstellen, was Schauriges, das mich ein wenig freut und die andern ein bißchen ärgert!«

Und da ist wohl allemal ein steinalter Knecht zur Hand, der, wie er noch ganz jung war, einmal ebenfalls ganz was Lustiges anstellen wollte und dem damals – lang, lang ist's her! – gleichfalls ein steinalter Knecht zu Hilfe kam.

»Nun, paß einmal auf, Junge, was ich dir sag'! Eine Perlhenn' ist auch nur eine Henn' – und wenn ihr Ei auch stärker ist als wie das einer gewöhnlichen Henn' – einen richtigen eisernen Nagel zum Beispiel kannst du in eine richtige steinerne Wand mit einem Perlhennei deswegen doch nicht einschlagen! Oder?«

»Nein.«

»Nun aber ... wenn wir zwei ein künstliches Ei herstellen könnten, das fast so stark wär', daß du damit wirklich einen richtigen eisernen Nagel in eine richtige steinerne Wand –«

»O Peter! Peter! Lieber Peter!«

»Also nun gehst du her und bläst ein Ei aus! Weißt du, wie man das macht? An der Spitze ein Loch mit der neuen Hutnadel von der Großmagd und am andern Ende ein kleines drei- oder viereckiges Stückel von der Schale wegnehmen und aufheben, aber fein aufheben, weil du das Stückel nachher wieder nötig brauchst! Und wenn das Ei ausgeblasen ist, dann machst du Pech heiß und läßt es durch das drei- oder viereckige Löchel hinten ein. Und wenn das Pech eingelassen ist, klebst du hinten wieder zu mit dem Stückel, das du dir ja aufgehoben hast, und aber färbst das Ei nicht schön rot, nicht hellblau oder lichtgelb, sondern ›marmorierst‹ es, damit man's weniger merkt. Und dann gehst du zu den andern und prahlst, dein Osterei wär' das stärkste, aber du läßt dich nicht lang auf Probieren ein, sondern du tust es nur ›ung'schaute‹! Und da paß auf, was du für einen schönen Ostersalat zusammenkriegst, Hansel!«

»Ja, Peter!« schrie Hansel und hupfte immer wieder in die Höh. »Aber um Gottes willen nicht aus der Hand geben, dein ›Pechei‹, sonst merken's die andern an der Schwere!«

Der ganze »Hof« war in Aufregung über den Hansel mit seinem marmorierten Ei. Drei Tage lang. Und dann kam der Schwindel heraus.

Aber da hätt's im ganzen Umkreis sowieso schon kein einzig Blättchen Brunnenkresse mehr gegeben, soviel Ostersalat hatte der Hansel schon gemacht und mit dem Peterle zusammen schnabuliert.

Geht hin und tut desgleichen!

Auf ein Ei geschrieben

Ostern ist zwar schon vorbei,
Also dies kein Osterei;
Doch wer sagt, es sei kein Segen,
Wenn im Mai die Hasen legen?
Aus der Pfanne, aus dem Schmalz
Schmeckt ein Eilein jedenfalls,
Und kurzum, mich täts gaudieren,
Dir dies Ei zu präsentieren.
Und zugleich tät es mich kitzeln,
Dir ein Rätsel drauf zu kritzeln.

Die Sophisten und die Pfaffen
Stritten sich mit viel Geschrei:
Was hat Gott zuerst erschaffen,
Wohl die Henne? wohl das Ei?

Wäre das so schwer zu lösen?
Erstlich ward ein Ei erdacht:
Doch, weil noch kein Huhn gewesen,
Schatz, so hats der Has gebracht.

Osterhas

Sprang der Osterhas
Durch die grünende Welt;
Kinder und Verliebte
Suchten im sonnigen Feld.

Welch ein schönes Nest
Hat mein Liebchen entdeckt!
Unterm Veilchenbusch
Fein war es versteckt.

Viele schöne Eier
Lagen glänzend drin,
Und mein jubelndes Liebchen
Kauerte neben es hin.

»Eier rosenrot!
Eier himmelblau!
Keins von ihnen schwarz!
Keins von ihnen grau!«

Die rosenroten
Waren voll Küsse,
Die himmelblauen
Waren voll Lieder –
Und Dämmerung ward es,
Eh wir nach Haus kamen.

Die 13. Geschichte

erzählt, wie Eulenspiegel in der Ostermesse ein Spiel
aufführte, daß sich der Pfarrer und seine Haushälterin
mit den Bauern rauften und schlugen.

Als nun Ostern nahte, sagte der Pfarrer zu Eulenspiegel,
dem Mesner: »Es ist hier eine Gewohnheit, daß die Bauern in der Osternacht ein Osterspiel aufführen, wie der
Herr aus dem Grab aufersteht, und dabei sollst du ihnen
helfen, denn es ist so, daß die Sigristen es vorbereiten
und leiten.«

Eulenspiegel überlegte, wie das Marienspiel mit den
Bauern vonstatten gehen sollte, und antwortete dem
Pfarrer: »Da es hier aber nun einmal keinen gebildeten
Bauern gibt, müßt Ihr mir Eure Magd, die lesen und
schreiben kann, dazu ausleihen.« Der Pfarrer sagte: »Ja,
ja, nimm dir nur, wer dir dabei helfen kann. Meine Magd
ist vorher auch schon des öfteren dabeigewesen.« Der
Haushälterin war es recht, und sie wollte der Engel im
Grab sein, denn sie wußte den Reim auswendig. Dann
suchte Eulenspiegel sich zwei Bauern und nahm sie zu
sich. Sie wollten die drei Marien sein. Eulenspiegel lehrte
den einen Bauern seinen Reim auf lateinisch. Der Pfarrer
war der Herrgott, der aus dem Grab auferstehen sollte.
Als nun Eulenspiegel mit seinen Bauern, die wie Marien
gekleidet waren, zum Grab kam, sprach die Haushälterin als Engel im Grab auf lateinisch: »Quem queritis?
Wen sucht ihr hier?« Da antwortete der Bauer, die erste
Maria, wie Eulenspiegel ihn gelehrt hatte: »Wir suchen
eine alte einäugige Pfaffenhure.«

Als sie hörte, daß sie wegen ihres einen Auges verspottet wurde, wurde sie wütend auf Eulenspiegel, sprang aus dem Grab und wollte ihm mit ihren Fäusten ins Gesicht fahren. Aufs Geratewohl schlug sie zu und traf den einen Bauern, daß ihm ein Auge anschwoll. Als der andere Bauer das sah, schlug er auch zu und traf die Haushälterin so am Kopf, daß ihr die Flügel abfielen. Als der Pfarrer das sah, ließ er die Fahne fallen, kam seiner Haushälterin zu Hilfe, riß den Bauern an den Haaren und zog ihn hinter das Grab. Darauf liefen die anderen Bauern hinzu, und es gab ein großes Geschrei. Der Pfarrer mit seiner Haushälterin lag auf dem Boden, und die Bauern, die beiden Marien, lagen ebenfalls auf dem Boden, so daß die Bauern sie voneinander wegziehen mußten. Eulenspiegel aber hatte aufgepaßt. Er machte sich rechtzeitig davon, lief aus der Kirche hinaus, ging aus dem Dorf und kam nicht zurück.

Weiß Gott, wo sie einen anderen Sigristen hernahmen.

JOACHIM RINGELNATZ

Ostermärchen

Am Abend vor Gründonnerstag lag der kleine Fritz mit wachen Augen im Bett und konnte und konnte nicht einschlafen. Beständig mußte er an morgen denken, wo er mit seinen Geschwistern – wie alle Jahre – Ostereier suchen würde. Wieviel es wohl sein und wie sie wohl aussehen und wie groß sie sein würden?

Während er noch darüber nachsann, hörte er plötzlich

hinter sich ein feines Stimmchen seinen Namen rufen. Mehr erstaunt als erschreckt, drehte er sich um und sah – einen kleinen Hasen auf dem Stuhl am Kopfende seines Bettes sitzen.

»Mein Name ist Kohlfraß«, sagte das Häschen. »Darf ich Dich zu einem Spaziergange einladen?«

Fritzchen verwunderte sich zwar ein bißchen über den Einfall, jetzt spazierenzugehen, erklärte sich aber bereit und folgte, nachdem er sich angezogen, dem Häschen, das in schnellem Laufe durch Zimmer und Vorsaal, die Treppen hinunter, zur Stadt hinaus, über Wiesen und Felder voraneilte. Schneller war Fritz noch nie gelaufen. Endlich hielt sein Führer vor einem hohen Felsen. »Dies ist der Osterhasen-Palast«, sagte Kohlfraß. »Hier werden die Eier verfertigt, die wir Hasen dann in den Gärten und Stuben für artige Kinder verstecken. Eigentlich dürfen Kinder hier nicht hinein. Da Du aber besonders brav gewesen bist, so will ich Dir heute einmal alles zeigen.«

Hierauf zog das Häschen aus einem seiner Ohren ein Schlüsselchen hervor, das es in eine Felsritze steckte. Sogleich öffnete sich eine Thüre und sie traten in einen finstern Gang. Plötzlich ward es hell, und nun standen sie vor einem ungeheuren offenen Thore, durch das man in einen großen, hellen Saal schaute, der wieder in drei kleinere Säle abgeteilt war. Vor dem Thore stand eine Hasen-Schildwache mit einem Gewehre, das sie sofort auf Fritzchen anlegte.

Dieser flüchtete erschreckt hinter seinen Begleiter.

Kohlfraß aber raunte der Schildwacht nur ein Wörtchen zu, worauf diese sogleich das Gewehr senkte und ehrerbietig präsentierte. Die zwei traten nun in den ersten Saal.

»Hier werden die Eier gelegt«, erklärte Kohlfraß.

Fritzchen sah mit Staunen: Da kauerten Tausende von Hasen und Häschen am Fußboden, der mit weichem Moos belegt war. Sie hielten sämtlich die Vorderpfoten in die Seiten gestemmt und stöhnten und keuchten ganz schrecklich – das Legen mußte doch sehr anstrengend sein! –, während der Eierhaufen neben einem jeden immer größer und größer wurde. Es waren auch Zuckerhasen darunter, die legten natürlich Zuckereier. Fritzchen sah auch welche aus Marzipan, Chokolade, ja aus Glas – und sogar aus purem Golde! Ging einmal ein Ei entzwei, dann geschah was Schnurriges: Es schlüpfte nämlich sofort ein Häschen daraus, das sogleich fleißig mit legen half. Andere Hasen gingen umher, sammelten die Eier in Körbchen und trugen diese fort.

Fritzchen wurde nun von seinem Begleiter in den zweiten Saal geführt. Hier saßen Tausende von Hasen auf Kohlblättern, große Farbentöpfe neben sich und Pinsel in den Pfoten. Fritzchen bemerkte, daß sie fast alle mit Farbenklexen bespritzt waren. Sie trugen große Brillen auf der Nase, ließen die Ohren hängen und thaten sehr wichtig.

»Die Maler«, erklärte Kohlfraß.

Fritzchen beobachtete mit Vergnügen, wie die langohrigen Künstler mit erstaunlicher Geschwindigkeit die Eier rot, gelb, blau und grün bepinselten, allerlei Figuren hineinkratzten und auf den Zucker- und Chokoladen-Eiern mittels kleiner Spritzen Herzen, Namenszüge und andere Formen aus Zuckerguß anbrachten.

Die auf diese Weise fertiggestellten Eier wurden von anderen Hasen in den dritten Saal geschafft, wo sie, sorgfältig mit Moos umhüllt, in Körbe gepackt und von Hasen-Dienstmännern fortgetragen wurden.

Fritzchen war inzwischen von Kohlfraß in den dritten Saal vor den Osterhasen-König geführt worden.

Dieser, ein Hase von riesenhafter Größe, saß in einer ungeheueren Eierschale, von einer Schar von Hasen-Höflingen umgeben, die alle bei Fritzchens Eintreten aufsprangen und höflich »Männchen« machten – was bei den Hasen dasselbe wie bei unseren Soldaten das Salutieren ist. Seine Majestät hatte erstaunlich lange Ohren, die durch den ganzen Saal reichten und deren er sich ab und zu bediente, einem unfolgsamen Unterthanen eine Ohrfeige zu verabreichen. Er redete übrigens Fritzchen sehr freundlich und leutselig an, riet ihm, immer so brav und gut zu bleiben wie bisher, und überreichte ihm schließlich ein Osterei.

Hocherfreut seinen Dank stammelnd, wollte Fritzchen es entgegennehmen, erfaßte es auch bereits, da – o weh! – entglitt es seiner Hand und zerschlug – klack! – auf dem Fußboden. Sogleich kamen eine Menge Hasen daraus hervor, die fingen an zu legen und legten und legten – ein Ei nach dem andern, in einem fort, in einem fort! Im Nu war der ganze Boden mit Eiern bedeckt. Die Hasen aber legten weiter und immer weiter: Jetzt reichte der Eierhaufen schon bis an Fritzchens Schultern. Und mit einmal ward es ihm schwarz vor den Augen, ihn überkam eine furchtbare Angst, er schrie laut auf und – erwachte.

Er lag in seinem Bette: Alles war verschwunden, bis auf ein kleines Chokoladen-Ei, das er in der Hand hielt. Darauf stand ein *K* und ein *L*: König Lampe.

Märzlied

Nun, da Schnee und Eis zerflossen
Und des Angers Rasen schwillt,
Hier an roten Lindenschossen
Knospen bersten, Blätter sprossen,
Weht der Auferstehung Odem
Durch das keimende Gefild.

Veilchen an den Wiesenbächen
Lösen ihrer Schale Band;
Primelngold bedeckt die Flächen;
Zarte Saatenspitzen stechen
Aus den Furchen; gelber Krokus
Schießt aus warmem Gartensand.

Alles fühlt erneutes Leben:
Die Falänen die am Stamm
Der gekerbten Eiche kleben,
Mücken, die im Reigen schweben,
Lerchen, hoch im Ätherglanze,
Tief im Tal das junge Lamm!

Seht! erweckte Bienen schwärmen,
Um den frühen Mandelbaum;
Froh des Sonnenscheins erwärmen
Sich die Greise; Kinder lärmen
Spielend mit den Ostereiern
Durch den weißbeblümten Raum.

Sprießt, ihr Keimchen, aus den Zweigen,
Sprießt aus Moos das Gräber deckt!
Hoher Hoffnung Bild und Zeugen,
Daß auch wir der Erd entsteigen,
Wann des ewgen Frühlings Odem
Uns zur Auferstehung weckt!

THEODOR STORM

Frühlingsankunft

»Was rauscht und brauset vor der Tür?
Was singt so süße Melodein?
Herein, wer draußen ist! Herein!«
»Ich bin's! Der Frühling ist dafür!
Ich warte nur auf Sonnenschein,
Da komm' ich gleich zu dir herein.« –

Und sieh, die Sonne taucht empor;
Und wie sie freundlich scheint und lacht,
Da schmilzt das letzte Eis der Nacht.
Und hastig auf mit Tür und Tor!
»Herein in meine Arme schnell,
Willkomm', du blühender Gesell!«

Da muß die Lerch' im hellen Schein
Den ersten Gruß entbieten,
Da stürmt der Frühling hinterdrein
Mit hunderttausend Blüten.

Fragen

Was hatten sich die Eltern in diesem Jahr für Mühen gemacht, ihrem Kind das Osterfest zu einem großen, ja einmaligen Erlebnis werden zu lassen, von dem es noch lange träumen sollte.

Sie hatten keine Schokoladeneier aus dem Supermarkt besorgt, nein, wenn schon, dann sollten es richtige Hühnereier sein, Eier, wie man sie seit Menschengedenken zu diesem Anlaß verwendete. Sie hatten sie genügend lange gekocht und mit speziellen Eierfarben bemalt, daß ihnen die Finger blau und grün schimmerten. Zum Färben waren die verschmelzenden Stifte zwar gut geeignet – das stand auch auf der Packung –, aber von den Fingern ließen sie sich nur schwer wieder abwaschen. Es hatte sie mehrere Waschgänge und viel, viel Seife gekostet, diesen Umstand vor ihrem Sprößling zu verbergen.

Da sie im Bemalen von Ostereiern nicht sonderlich geübt waren, hatten sie einige Fehlversuche hinter sich bringen müssen. Unregelmäßig gezeichnete, mit gewagten Wellenlinien versehene Schalen samt Inhalt mußten kurzerhand aus dem Verkehr gezogen werden; Exemplare, bei denen die verschiedenen Farben undefinierbar zusammengelaufen waren, ließen sich ebensowenig für das bevorstehende Fest verwenden. Es blieb ihnen nichts anderes übrig, als wenige Tage vor Ostern eine große Portion Eiersalat zu essen und die bunten, aber unschönen Schalen ganz tief unten in der Mülltonne verschwinden zu lassen.

Schließlich aber war es ihnen doch gelungen – mit der Zeit kommt man zwangsläufig in Übung –, eine ausreichende Zahl akzeptabler Ostereier anzufertigen.

Die Eltern debattierten einen ganzen Abend lang über mögliche Verstecke im allzu kleinen Garten. Es brauchte seine Zeit, bis man über die verschiedenen Standorte Einvernehmen erzielen konnte. Unter dem Johannisbeerstrauch, ja, aber keinesfalls unter der Hecke, dort würde sich das Kind ohnehin nur schmutzig machen. Und ob es das dorthin verbannte Ei letztendlich finden würde, war keineswegs gewiß.

Nun gut, alle nötigen Vorbereitungen wurden, zwar unter erheblicher Nervenbelastung, doch immerhin zufriedenstellend abgeschlossen. Die Eier waren gut versteckt, aber nicht zu gut; dem Kind gelang es, eines nach dem anderen aufzustöbern. Alles in allem ein gelungener Ostervormittag, die Schwierigkeiten stellten sich erst beim Mittagessen ein.

Zwischen zwei Löffeln Suppe kam das Kind plötzlich auf den Osterhasen zu sprechen.

Die erste Frage ließ sich einfach beantworten. Nein, es gab nicht nur einen einzigen Osterhasen, es gab Hunderte, wenn nicht Tausende, schließlich mußten alle Kinder auf der Erde zur gleichen Zeit mit gleich schönen Ostereiern bedacht werden.

»Und woher nimmt ein Osterhase seine Eier?« Das Kind war sehr hartnäckig. »Legt er sie etwa selber?«

Der Mann sah stirnrunzelnd zu seiner Frau hinüber. »Ja und nein«, antwortete er ausweichend.

Das Kind verstand nicht recht. »Ich denke, Eier legen, das können nur Vögel?«

»Richtig«, der Vater nickte. »Im Prinzip schon.«

»Aber du mußt bedenken, daß Osterhasen keine gewöhnlichen Hasen sind«, ergänzte die Mutter, ihm tapfer beistehend.

»Was ist denn der Unterschied?«

»Osterhasen sind ganz besondere Hasen«, erklärte der Vater, »das heißt, sie sehen aus wie gewöhnliche Hasen ...«

»Ja?«

»... aber in Wirklichkeit sind es eben keine normalen Hasen. Sie haben Eigenschaften und Fähigkeiten, die andere Hasen nicht haben.«

»Zum Beispiel das Eierlegen«, stellte das Kind sichtlich beruhigt fest.

»Nein, das nicht gerade«, mischte sich die Mutter ein. »Auch die Osterhasen können keine Eier legen.«

»Aber Papi hat doch eben gesagt, daß sie es können.«

»Nein, das habe ich nicht«, verteidigte sich der Angesprochene. »Ich habe nur gesagt, daß sie vieles können, was andere Hasen nicht können.«

»Was denn?«

»Zum Beispiel können Osterhasen«, der Vater stockte ein wenig, »zum Beispiel können sie Eier, einfache, weiße Eier sehr schön bemalen. Du hast ja heute morgen selber gesehen, welche farbenfrohe Exemplare dir der Osterhase gebracht hat.«

»Mit Buntstiften?«

»Ja, mit einer Art von Buntstiften.«

»Und die Eier, wo bekommen die Osterhasen die Eier nun her?« Das Kind hatte ein erstaunlich gutes Gedächtnis.

»Das geht folgendermaßen«, die Mutter machte eine bedeutsame Handbewegung. »Die Osterhasen haben viele Freunde unter den Hennen. Wenn es nun Zeit wird, mit den Vorbereitungen für das Osterfest zu beginnen, suchen die Hasen die Hühner auf und bitten sie um ein paar Eier.«

»Und die Hühner lassen sich das gefallen?«

Der Vater mußte lächeln. »Sie werden ihnen ja nicht gestohlen«, erklärte er. »Die Hasen fragen freundlich, ob die Hühner einige Eier für einen guten Zweck übrig haben. Und da die Hennen sehr kinderlieb sind, geben sie selbstverständlich einen Teil ihres Geleges ab.«

So viel Opferbereitschaft schien dem Kind nicht ganz geheuer.

»Und diese Hühnereier«, fuhr der Vater fort, »tragen die Hasen in ihre Wohnung. Dort werden sie dann eingefärbt.«

»Wie viele Eier?«

»Das kommt ganz darauf an«, antwortete der Vater ausweichend. »Das hängt davon ab, wie viele Kinder ein Osterhase zu betreuen hat.«

»Und jedes Kind bekommt gleich viele Eier?«

»Natürlich. Die Hasen achten sehr genau darauf, daß niemand übervorteilt wird.«

»Was heißt übervorteilt?«

»Daß kein Kind mehr als das andere bekommt.«

Das Kind nickte. »Wie bringen die Osterhasen die Eier in die Gärten? Sie können doch nicht mehr als eines in jeder Hand tragen?«

»Ja, das ist ein Problem«, sagte die Mutter. »Aber die Hasen haben sich etwas Besonderes einfallen lassen. Einen Trick, sozusagen. Damit können sie eine ganze Menge von Eiern auf einmal transportieren.«

»Was ist das Besondere?«

»Sie machen sich einen großen Korb aus Baumzweigen. Darin verstauen sie alle bemalten Ostereier. Den Korb binden sie dann auf ihrem Rücken fest.«

»Und beim Laufen geht kein Ei kaputt?« fragte das Kind skeptisch.

»Du mußt wissen, daß die Hasen sorgfältig mit ihrer Fracht umgehen. Sie laufen sehr vorsichtig und achten genau darauf, daß kein Ei kaputtgeht«, antwortete die Mutter. »Es soll aber schon vorgekommen sein«, ergänzte der Vater, »daß ein oder zwei Eier trotzdem angeschlagen wurden. Aber das ist wirklich eine Ausnahme.«

»Was machen sie mit den zerschlagenen Eiern?«

»Sie können sie selbstverständlich nicht mehr für die Kinder verstecken«, sagte der Vater. »Deshalb nehmen sie sie mit zurück in ihre Hasenwohnung und essen sie dort.«

»Seit wann essen Hasen Eier?«

»Das ist eine Ausnahme.« Der Vater begann zu stottern. »Das machen sie nur dieses eine Mal im Jahr. Eben an Ostern.« »Und außerdem«, seine Frau fiel ihm ins Wort, »außerdem sind Osterhasen ja keine gewöhnlichen Hasen. Das haben wir dir doch vorhin schon erklärt.«

KURT TUCHOLSKY

Fröhliche Ostern

Da seht aufs neue dieses alte Wunder:
Der Osterhase kakelt wie ein Huhn
und fabriziert dort unter dem Holunder
ein Ei und noch ein Ei und hat zu tun.

Und auch der Mensch reckt frohbewegt die Glieder –
er zählt die Kinderchens: eins, zwei und drei . . .
Ja, was errötet denn die Gattin wieder?
Ei, ei, ei
ei, ei
ei!

Der fleißige Kaufherr aber packt die Ware
ins pappne Ei zum besseren Konsum:
Ein seidnes Schnupftuch, Nadeln für die Haare,
die Glitzerbrosche und das Riechparfuhm.

Das junge Volk, so Mädchen wie die Knaben,
sucht die voll Sinn versteckte Leckerei.
Man ruft beglückt, wenn sies gefunden haben:
Ei, ei, ei
ei, ei
ei!

Und Hans und Lene steckens in die Jacke,
das liebe Osterei – wen freut es nicht?
Glatt, wohlfeil, etwas süßlich im Geschmacke,
und ohne jedes innre Gleichgewicht.

Die deutsche Politik . . . Was wollt ich sagen?
Bei uns zu Lande ist das einerlei –
und kurz und gut: Verderbt euch nicht den Magen!
Vergnügtes Fest! Vergnügtes Osterei!

Die Ostereier bringt der Osterhase

Das Osterei

Ob der Has die Eier legt
oder ob die Henne,
läßt den Durchschnitt unbewegt,
so wie ich ihn kenne.

Am Symbol und Modus liegt
nicht so viel hinieden;
wenn man nur grad welche kriegt,
ist man schon zufrieden.

Bloß das Kind, fantastisch und
farbenfroh gesonnen,
wünscht die Eierschale bunt
und den Kern geronnen.

Schließlich scheint's ja einerlei,
ob man's hart zersieselt
oder als ein Spiegelei,
schnittlauchüberrieselt,

ob man's warm genießt, ob kalt
(erstres mit viel Fette),
oder gar in der Gestalt
einer Omelette.

Der Chemie als Wissenschaft
ist das völlig piepe.
Einzig die Verdauungskraft
bildet eine Klippe.

Ei vor Ostern

Heute in einer Woche ist Ostern! Das ist an sich nichts besonderes, denn das kam in den vergangenen Jahren auch schon mal vor, daß nach einer Woche Ostern war ...

Auch in diesem Jahr wird man auf das Osterei ein besonderes Gewicht legen, was aber nur vorsichtig geschehen darf, da Eier überaus empfindlich sind und ein besonderes Gewicht nicht ertragen können. Auch ihr hoher Preis ist kaum zu ertragen, weshalb den Eiern, wenn sie vor Wut kochen, oft genug der Kragen beziehungsweise die Schale platzt.

Aus dem einzelligen Ei entsteht jegliches Leben. Alle werden aus einer Zelle geboren, manche sterben sogar in einer Zelle.

Wie wichtig das Ei ist, kann man aus der Tatsache ersehen, daß es im Englischen als einzige Vokabel groß geschrieben wird – wie zum Beispiel in dem Satz: I love you, zu deutsch: das Ei liebst du. Läßt der Engländer das Ei fallen, so sagt er: I love you very much, zu deutsch: das Ei liebst du sehr matschig, oder frei übersetzt: du liebst Rührei.

Bei Rührei muß ich immer an die Märchen denken, seien sie von Grimm oder von jemand Andersen. Ei, wie gerührt ist man, wenn plötzlich eine Fee erscheint und dem braven Kinde sagt, es habe einen Wunsch frei ...

Ich habe nun den Wunsch, das nahende Osterfest mit einem kleinen Ostergedicht zu begrüßen:

Wer ahnte, daß zum Weihnachtsfest
die Adelheid mich sitzen läßt?
Das war noch nichts! Zu Ostern jetzt
hat sie mich ebenfalls versetzt!
Nun freu ich mich auf Pfingsten
nicht im geringsten.

JOACHIM RINGELNATZ

Rätselhaftes Ostermärchen

(nur mit Ei und Eier aufzulösen)

Der Frackverl0her H0nrich Osterm00 kehrte am ersten
Osterf00tage sehr betrunken h0m. S0ne Frau, 0ne
wohlbel0bte, kl0ne Dame, betrieb in der Kl0ststraße
0nen 00handel. Sie empfing H0nrich mit den Worten:
»0 0, m0n Lieber!« Dab0 drohte sie ihm lächelnd mit
dem Finger. Herr Osterm00 sagte: »Ich schwöre 0nen
h0ligen 0d, daß ich nur ganz l0cht angeh0tert bin. Ich
war b0 0ner W0hnachtsf00 des Ver0ns Fr0g0stiger
Frackverl0her. Dort hat 0nes der Mitglieder anläßlich
der Konfirmation s0ner Tochter 0ne Maibowle spen-
diert, und da habe ich denn sehr viel Rh0nw0n auf das
Wohl des verehrten Jubelgr0ses trinken müssen, w0l
man ja nicht alle Tage zw0undneunzig Jahre alt wird.«
Frau Osterm00 schenkte diesen Beteuerungen k0nen
Glauben, sondern sagte nochmals: »0 0, m0n Lieber!«
Worauf ihr Papag0 die ersten zw0 Worte »0 0« wohl

*dr*Oßigmal laut wiederholte. Über das GeschrO des PapagOs geriet HOnrich in solche Wut, daß er On BOl ergriff und sämtliche OOOO zerschlug. Frau OstermOO wurde krOdeblOch und lief, triefend von Ogelb zur PolizO. Ihr Mann aber ließ sich erschöpft auf Onen Stuhl nieder und wOnte lOse vor sich hin. Bis ihm der PapagO von oben herab On OsterO in den Schoß warf. Da war alles vorbO.

JAMES KRÜSS

Das Oster-Abc

A lle Vögel singen schon,
B lumen blühn im Garten,
C rocus, Veilchen, Anemon,
D ie verschämten, zarten.
E ine Amsel schwatzt vom Mai,
F erne blasen Hörner,
G locken läuten nahebei,
H ühnchen suchen Körner.
I da flicht sich einen Kranz,
J akob neckt ein Zicklein,
K üsters Frieda träumt vom Tanz,
L udwig macht sich piekfein.
M utter Margaretha fährt
N obel zur Kapelle.
O ttokar, der Mops, verzehrt
P lätzchen auf der Schwelle.

Q uicklebendig wirds im Haus:
R uth und Xaver Meier
S uchen fleißig drin und drauß
T aubenblaue Eier.
U nterm Bett, in Uhr und Hut,
V ase, Topf und Lade
W ühlen sie. Da findet Ruth
X avers Schokolade.
Y psilon, ist das nicht nett?
Z ett!

Anhang

Verzeichnis der Autoren, Texte und Druckvorlagen

Mit einem Sternchen versehene Überschriften wurden vom Herausgeber formuliert.

HANS CHRISTIAN ANDERSEN (1805–1875)

Das Osterfest in Griechenland 75

H. Ch. A.: Gesammelte Werke. Vom Verf. selbst bes. Ausg. Bd. 20: Eines Dichters Bazar. Tl. 3. Leipzig: Carl B. Lorck, 1847. S. 50–53. [Die Orthographie wurde behutsam modernisiert.]

ANONYM

Christ ist erstanden 63

Evangelisches Gesangbuch. Ausgabe für die Evangelische Kirche im Rheinland, die Evangelische Kirche von Westfalen, die Lippische Landeskirche.
Gütersloh/Bielefeld/Neukirchen-Vluyn: Gütersloher Verlagshaus / Luther-Verlag / Neukirchener Verlag des Erziehungsvereins, 1996. Lied 99.

GUSTAVO ADOLFO BÉCQUER (1836–1870)

Das Miserere 25

G. A. B.: Die grünen Augen. Phantasiestücke. Übers. von Fritz Vogelsang. Stuttgart: Klett-Cotta, 1982. S. 169–183. – © für die deutsche Übersetzung 1982 J. G. Cotta'sche Buchhandlung Nachfolger GmbH, Stuttgart.

JOHANNES BOBROWSKI (1917–1965)

Ostern 154

J. B.: Gesammelte Werke. Hrsg. von Eberhard Haufe. Bd. 1: Die Gedichte. Stuttgart: Deutsche Verlags-Anstalt, 1987. S. 136. – © 1987 Deutsche Verlags-Anstalt GmbH, Stuttgart.

BERTOLT BRECHT (1898–1956)

(1) Karsamstagslegende 54
(2) Karfreitag 166

B. B.: Werke. Große kommentierte Berliner und Frankfurter Ausgabe. Hrsg. von Werner Hecht, Jan Knopf, Werner Mittenzwei und Klaus-Detlef Müller. Bd. 13: Gedichte 3. Berlin/Weimar: Aufbau-Verlag und Frankfurt a. M.: Suhrkamp, 1993. S. 83 (1) und 78 f. (2). – © 1993 Suhrkamp Verlag, Frankfurt am Main.

ANTONIO CARBONARO (geb. 1926)

Ostern 169

Über Grenzen. Berichte, Erzählungen, Gedichte von Ausländern. Hrsg. von Karl Esselborn. Mit einem Vorw. von Irmgard Ackermann. München: Deutscher Taschenbuch Verlag, 1987. S. 209–214. – Mit Genehmigung von Antonio Carbonaro, Wolfsburg.

MATTHIAS CLAUDIUS (1740–1815)

Osterlied 71

M. C.: Sämtliche Werke. Nach dem Text der Erstausgaben (*Asmus* 1775–1812) und den Originaldrucken (Nachlese) samt den 10 Bildtafeln von Chodowiecki und den übrigen Illustrationen der Erstausgaben. Verantwortlich für die Textred.: Jost Perfahl. Mit einem Nachw. und einer Zeittaf. von Wolfgang Pfeiffer-Belli sowie Anm. und Bibliogr. von Hansjörg Platschek. München: Winkler, 1968 [u. ö.]. S. 675–677.

WLADIMIR DAL (1811–1872)

Das Osterfest 96

Russische Ostergeschichten. Hrsg. von Bernd Rullkötter. Mit einer Einf. von Irene Nowikowa und Bernd Rullkötter. Freiburg/Basel/ Wien: Herder, ³1994. S. 31–39. – Übers. von Rosemarie Tietze. – © für die deutsche Übersetzung 1993 Verlag Herder, Freiburg.

ANNETTE VON DROSTE-HÜLSHOFF (1797–1848)

(1) Am Ostersonntage 78
(2) Am ersten Sonntag nach Ostern 141

A. v. D.-H.: Sämtliche Werke. Hrsg., in zeitlicher Folge geordnet und mit Nachw. und Erl. vers. von Clemens Heselhaus. München: Hanser, 1966 [u. ö.]. S. 524 f. (1) und 529 f. (2).

JOSEPH VON EICHENDORFF (1788–1857)

Ostern 105

J. v. E.: Gedichte. Eine Auswahl. Mit einem Nachw. von Konrad Nussbächer. Stuttgart: Reclam, 1957 [u. ö.]. (Universal-Bibliothek. 7925.) S. 132 f.

HEINZ ERHARDT (1909–1979)

Ei vor Ostern 217

H. E.: Satierliches. Hannover: Fackelträger-Verlag, 1980. S. 69 f. – © 1980 Fackelträger-Verlag GmbH, Hannover.

TILL EULENSPIEGEL

Die 13. Geschichte 200

Ein kurtzweilig Lesen vom Dil Ulenspiegel. Nach dem Druck von 1515. Hrsg. von Wolfgang Lindow. Stuttgart: Reclam, 1966 [u. ö.]. (Universal-Bibliothek. 1687.) S. 39–41. – Übersetzt von Anke Beck.

DAS EVANGELIUM NACH LUKAS

Jesu Auferstehung 12
Die Emmausjünger 13

Die Bibel. Nach der Übersetzung Martin Luthers. Stuttgart: Deutsche Bibelgesellschaft, 1985. Lk. 24, 1–35.

DAS EVANGELIUM NACH MATTHÄUS

Jesu Auferstehung 11

Die Bibel. Nach der Übersetzung Martin Luthers. Stuttgart: Deutsche Bibelgesellschaft, 1985. Mt. 28, 1–10.

THEODOR FONTANE (1819–1898)

Frühling 113

Th. F.: Werke, Schriften und Briefe. Hrsg. von Walter Keitel und Helmuth Nürnberger. Abt. 1. Bd. 6. 2., rev. und im Anh. erw. Aufl. München: Hanser, 1978. S. 303 f.

ANATOLE FRANCE (d. i. Jacques Anatole Thibault, 1844–1924)

Der Christus aus dem Ozean 107

Choix de Nouvelles Modernes / Moderne französische Erzählungen. Hrsg. und übers. von Ulrich Friedrich Müller. Ebenhausen: Edition Langewiesche-Brandt, 1962. S. 61–69. – © 1962 Verlag Langewiesche-Brandt KG, Ebenhausen.

EMANUEL GEIBEL (1815–1884)

Ostermorgen 104

E. G.: Juniuslieder. Stuttgart: Cotta, [16]1865. S. 160 f. [Die Orthographie wurde behutsam modernisiert.]

PAUL GERHARDT (1607–1676)

An das Angesicht des HErrn JEsu 22

P. G.: Geistliche Lieder. Nachw. von Gerhard Rödding. Stuttgart: Reclam, 1991. (Universal-Bibliothek. 1741.) S. 17–19.

ALBRECHT GOES (geb. 1908)

Kindheitsostern in der Großstadt 189

A. G.: Lichtschatten du. Gedichte aus fünfzig Jahren. Frankfurt a. M.: S. Fischer, 1978. S. 32 f. – © 1978 S. Fischer Verlag GmbH, Frankfurt am Main.

JOHANN WOLFGANG GOETHE (1749–1832)

Osterspaziergang* 106

J. W. G.: Faust. Der Tragödie erster Teil. Stuttgart: Reclam, 1949 [u. ö.]. (Universal-Bibliothek. 1.) S. 27 f.

ANDREAS GRYPHIUS (1616–1664)

Auf das Fest des auferstehenden Erlösers /
oder heil. Ostertag 73

A. G.: Gedichte. Eine Auswahl. Text nach der Ausgabe letzter Hand von 1663. Hrsg. von Adalbert Elschenbroich. Stuttgart: Reclam, 1968 [u. ö.]. (Universal-Bibliothek. 8799.) S. 41. [Die Orthographie wurde behutsam modernisiert.]

GEORGE HERBERT (1593–1633)

Osterflügel 74

G. H.: The Works. Hrsg. von F. E. Hutchinson. Oxford: Clarendon Press, 1978. S. 43. – Übers. von Dietmar Jaegle.

PETER HUCHEL (1903–1981)

Ostern in Alt-Langerwisch 191

P. H.: Gesammelte Werke in zwei Bänden. Hrsg. von Axel Vieregg. Bd. 1: Die Gedichte. Frankfurt a. M.: Suhrkamp, 1984. S. 71 f. – © 1984 Suhrkamp Verlag, Frankfurt am Main.

MARIE LUISE KASCHNITZ (1901–1974)

Auferstehung 168

M. L. K.: Gesammelte Werke. Hrsg. von Christian Büttrich und Norbert Miller. Bd. 5: Die Gedichte. Frankfurt a. M.: Insel Verlag, 1985. S. 306. – © 1962 Claassen Verlag, Hildesheim.

HEINRICH VON KLEIST (1777–1811)

Der Engel am Grabe des Herrn 64

H. v. K.: Sämtliche Werke und Briefe. Hrsg. von Helmut Sembdner. Bd. 1. München: Hanser, 1952 [u. ö.]. S. 10 f.

WLADIMIR KOROLENKO (1853–1921)

Die Nacht vor dem Auferstehungsfest 124

Russische Ostergeschichten. Hrsg. von Bernd Rullkötter. Mit einer Einf. von Irene Nowikowa und Bernd Rullkötter. Freiburg/Basel/ Wien: Herder, ³1994. S. 55–64. – © für die deutsche Übersetzung 1993 Verlag Herder, Freiburg.

JAMES KRÜSS (1926–1997)

Das Oster-Abc 219

Herzliche Glückwünsche! Die schönsten Gedichte und Texte für viele Gelegenheiten. Hrsg. von Bruno Horst Bull. Niedernhausen i. Ts.: Falken, 1994. S. 67.

SELMA LAGERLÖF (1858–1940)

Das Rotkehlchen 55

S. L.: Gesammelte Werke. Hrsg. von Hans A. Neunzig. Bd. 2: Geschichten und Legenden. München: Nymphenburger Verlagshandlung, 1980. S. 299–305. – © für die deutsche Übersetzung 1980 Nymphenburger Verlagshandlung in der F. A. Herbig Verlagsbuchhandlung GmbH, München.

HEINRICH LAUTENSACK (1881–1919)

Altbayerische Osterspiele 192

H. L.: Altbayerische Bilderbogen. Berlin 1920. S. 34–38.

SIEGFRIED LENZ (geb. 1926)

Der Ostertisch 115

S. L.: Werkausgabe in Einzelbänden. Bd. 13: Erzählungen 1. 1949–1955. Hamburg: Hoffmann und Campe, 1996. S. 231–241. – © 1996 Hoffmann und Campe Verlag, Hamburg.

DETLEV VON LILIENCRON (d. i. Friedrich Adolf Axel Freiherr von Liliencron, 1844–1909)

Vorfrühling am Waldesrand 140

D. v. L.: Werke. Hrsg. von Benno von Wiese. Bd. 1: Gedichte. Epos. Frankfurt a. M.: Insel Verlag, 1977. S. 423.

EDUARD MÖRIKE (1804–1875)

(1) Karwoche 15
(2) Er ists 123
(3) Auf ein Ei geschrieben 198

E. M.: Sämtliche Werke. Auf Grund der Originaldrucke hrsg. von Herbert G. Göpfert. Nachw. von Georg Britting. München: Hanser, 1964 [u. ö.]. S. 95 f. (1), 29 (2) und 223 f. (3).

CHRISTIAN MORGENSTERN (1871–1914)

Ostermärchen 180

Ch. M.: Ostermärchen. Aus dem Nachlaß des Dichters hrsg. von Margareta Morgenstern. Oldenburg: Lappan, 1985.

VLADIMIR NABOKOV (1899–1977)

Osterregen 143

Literaturmagazin 40: Vladimir Nabokov. Hrsg. von Martin Lüdke und Delf Schmidt. Unter beratender Mitarb. von Dieter E. Zimmer. Reinbek: Rowohlt, 1997. S. 12-18. – Übers. von Rosemarie Tietze. – © 1997 Rowohlt Verlag GmbH, Reinbek.

NOVALIS (d. i. Friedrich von Hardenberg, 1772–1801)

Hymne an die Nacht 94

N.: Gedichte. Die Lehrlinge zu Sais. Hrsg. von Johannes Mahr. Stuttgart: Reclam, 1984 [u. ö.]. (Universal-Bibliothek. 7991.) S. 142. [Auszug aus der 5. Hymne; die Orthographie wurde behutsam modernisiert.]

DR. OWLGLASS (d. i. Hans Erich Blaich, 1873–1945)

(1) Um Ostern 113
(2) Das Osterei 216

Dr. O.: Stunde um Stunde. Gedichte. München: Langen/Müller, 1933. S. 13 (1).
Ostern. Ein Spaziergang rund um die Welt. Hrsg. von Ulf Diederichs. München: Deutscher Taschenbuch Verlag, 1997. S. 246 (2).

E. O. PLAUEN (d. i. Erich Ohser, 1903–1944)

Die Ostereier bringt der Osterhase   213

Vater und Sohn. Neue Ausgabe. Bd. 2. Noch 50 Streiche und Abenteuer gezeichnet von e. o. plauen. Konstanz: Südverlag, 1993. [o. S.] – © 1951, 1962 (ren.) Südverlag GmbH Konstanz (ren.). Abdruck mit Genehmigung der Gesellschaft für Verlagswerte GmbH, Kreuzlingen (Schweiz).

WILHELM RAABE (1831–1910)

Osterhas   199

W. R.: Sämtliche Werke. Im Auftrag der Braunschweigischen Wissenschaftlichen Gesellschaft hrsg. von Karl Hoppe. Bd. 20: Hastenbeck. Altershausen. Gedichte. Göttingen: Vandenhoeck & Ruprecht, 1968. S. 318.

RAINER MARIA RILKE (1875–1926)

(1) Der Auferstandene   95
(2) Frühling ist wiedergekommen   134
(3) Emmaus   165

R. M. R.: Sämtliche Werke in sechs Bänden. Hrsg. vom Rilke-Archiv. In Verb. mit Ruth Sieber-Rilke bes. durch Ernst Zinn. Bd. 1. Wiesbaden: Insel Verlag, 1955 [u. ö.]. S. 582 (1) und 744 (2). Bd. 2. Ebd. 1956 [u. ö.]. S. 55 (3).

JOACHIM RINGELNATZ (d. i. Hans Bötticher, 1883–1934)

(1) Ostern   178
(2) O Welt in einem Ei   179
(3) Ostermärchen   201
(4) Rätselhaftes Ostermärchen   218

J. R.: Das Gesamtwerk in sieben Bänden. Hrsg. von Walter Pape. Bd. 1: Gedichte. Zürich: Diogenes Verlag, 1994. S. 283 (1). Bd. 2: Gedichte. Ebd. S. 106 f. (2). Bd. 4: Erzählungen. Ebd. S. 268–270 (3) und 347 f. (4). – © 1994 Diogenes Verlag, Zürich.

PETER ROSEGGER (1843–1918)

Als ich nach Emmaus zog 155

P. R.: Als ich noch der Waldbauernbub war. Nachw. von Wolfgang Schober. Stuttgart: Reclam, 1989 [u. ö.]. (Universal-Bibliothek. 8563.) S. 224–233.

JOHANN GAUDENZ VON SALIS-SEEWIS (1762–1834)

Märzlied 205

J. G. v. S.-S.: Gedichte. Ausgabe letzter Hand. Zürich 1848. S. 22 f. [Die Orthographie wurde behutsam modernisiert.]

LIBOR SCHAFFER (Lebensdaten nicht ermittelt)

Fragen 207

Auf ein Ei geschrieben. Ausgewählt von Barbara Salzer. Heilbronn: Salzer, 1985. S. 33–39.

RUDOLF ALEXANDER SCHRÖDER (1878–1962)

Ostern 133

R. A. Sch.: Gesammelte Werke in fünf Bänden. Bd. 1: Die Gedichte. Berlin / Frankfurt a. M.: Suhrkamp, 1952. S. 854. – © 1952 Suhrkamp Verlag, Frankfurt am Main.

ERNST STADLER (1883–1914)

Resurrectio 80

E. St.: Der Aufbruch und andere Gedichte. Hrsg. von Heinz Rölleke. Stuttgart: Reclam, 1967 [u. ö.]. (Universal-Bibliothek. 8528.) S. 15 f.

ADALBERT STIFTER (1805–1868)

Die Karwoche in Wien 41

A. St.: Gesammelte Werke in vierzehn Bänden. Hrsg. von Konrad Steffen. Bd. 13: Aus dem alten Wien. Basel: Birkhäuser, 1972. S. 146–157.

THEODOR STORM (1817–1888)

(1) April 114
(2) Frühlingsankunft 206

Th. St.: Werke. Gesamtausgabe in drei Bänden. Hrsg. und eingel. von Hermann Engelhard. Bd. 1: Gedichte, Märchen, Novellen. Stuttgart: J. G. Cotta'sche Buchhandlung Nachf., 1958. S. 156 (1) und 150 (2).

LEO TOLSTOI (1828–1910)

Die Kerze 81

L. T.: Volkserzählungen. Übers. und hrsg. von Guido Waldmann. Reclam: Stuttgart, 1951 [u. ö.]. (Universal-Bibliothek. 2556.) S. 59–70.

ANTON TSCHECHOW (1860–1904)

Der Student 16

A. Tsch.: Erzählungen. Aus dem Russ. übers. von Kay Borowsky. Nachw. von Ludolf Müller. Stuttgart: Reclam, 1978 [u. ö.]. (Universal-Bibliothek. 9901.) S. 106–110.

KURT TUCHOLSKY (1890–1935)

Fröhliche Ostern 211

K. T.: Gesammelte Werke in 10 Bänden. Hrsg. von Mary Gerold-Tucholsky und Fritz J. Raddatz. Bd. 1. Reinbek: Rowohlt, 1960. S. 197 f. – © 1960 Rowohlt Verlag GmbH, Reinbek.

LUDWIG UHLAND (1787–1862)

Frühlingsglaube 123

L. U.: Gedichte. Ausw. und Nachw. von Peter von Matt. Stuttgart: Reclam, 1974 [u. ö.]. (Universal-Bibliothek. 3021.) S. 49.

CHRISTIAN WAGNER (1835–1918)

Ostersamstag 40

Ch. W.: Gedichte. Zeichnungen von Gunther Böhmer. Hrsg. von Ulrich Keicher mit einem Vorw. von Albrecht Goes. Stuttgart/ Aalen: Theiss, 1973. S. 86 f.

WILHELM WAIBLINGER (1804–1830)

Die heilige Woche, Charaktergemälde aus Rom 65

Taschenbuch aus Italien und Griechenland auf das Jahr 1829. Hrsg. von Wilhelm Waiblinger. Erstes Buch: Rom. Berlin: Reimer, [1829]. S. 377–381. [Die Orthographie wurde behutsam modernisiert.]

PAULINE WENGEROFF (Lebensdaten nicht ermittelt)

Pesach* 134

P. W.: Memoiren einer Großmutter. Bilder aus der Kulturgeschichte der Juden Rußlands im 19. Jahrhundert. Bd. 1. Berlin: Poppelauer, ²1913. S. 44-61.

FRANZ WERFEL (1890–1945)

Verheißung 153

F. W.: Das lyrische Werk. Hrsg. von Adolf D. Klarmann. Frankfurt a. M.: S. Fischer, 1967. S. 257 f. – © S. Fischer Verlag GmbH, Frankfurt am Main.

Der Verlag Philipp Reclam jun. dankt für die Nachdruckgenehmigungen den Rechteinhabern, die durch den Textnachweis und einen folgenden Genehmigungs- oder Copyrightvermerk bezeichnet sind. Für einige Autoren waren die Inhaber der Rechte nicht festzustellen. Hier ist der Verlag bereit, nach Anforderung rechtmäßige Ansprüche abzugelten.

Ursprung und Wandel österlicher Festgestaltung

Die in diesem Band präsentierte literarische Vielfalt zum Thema Ostern läßt die lange christliche Tradition dieses Festes und seine tiefe Verankerung in unserem Bewußtsein erkennen. Auch deuten sich in Gedichten und Texten einzelne Elemente seines einst ernsten, aber auch sehr heiteren und ausgelassenen Brauchtums an, das erst im Laufe der letzten beiden Jahrhunderte mit sehr unterschiedlichen Deutungen versehen wurde. Führen wir uns deshalb zunächst seine Ursprünge vor Augen, um dann den daraus entstehenden Ideenreichtum österlicher Festgestaltung Revue passieren zu lassen.

Ostern ist das älteste unserer Kirchenfeste und leitet sich in seiner religiösen Bedeutung unmittelbar aus dem jüdischen Passahfest ab, da Jesus am Vorabend von Passah gekreuzigt wurde und am dritten Tage von den Toten auferstand. So feierten die Christen jüdischer Herkunft Ostern unmittelbar nach dem Passahfest, das nach ihrem babylonischen Mondkalender mit der Vollmondnacht des ersten Monats im Jahr übereinstimmte. Dieser Feiertag konnte also auf verschiedene Wochentage fallen.

Um das christliche Oster- vom Passahfest zu unterscheiden, wurde es durch das Konzil von Nizäa im Jahre 325 auf einen Sonntag verlegt, und zwar auf den ersten Sonntag nach dem Frühlingsvollmond. Für den Fall, daß Vollmond just auf einen Sonntag und Ostern somit mit dem Passahfest zusammenfallen würde, vereinbarte man, daß das Osterfest am darauffolgenden Sonntag zu begehen sei. Die Berechnung des jeweiligen Kalendertermins sollte in Alexandria, dem damals wichtigsten astronomischen Zentrum der Welt, vorgenommen werden. Dort erstellte man die sogenannten Ostertafeln, denen man das jedes Jahr wechselnde Datum der folgenden Osterfeste im voraus entnehmen konnte. Doch der Wissensstand des 4. Jahrhunderts erlaubte noch keine genaue Bestimmung, da der Unterschied zwischen Sonnenjahr und Mondjahr (Epakte) nicht ausgeglichen werden konnte. Als problematisch erwies sich vor allem die Abweichung zwischen dem astronomischen Jahr und dem damals gebräuchlichen Julianischen Kalender.

So geschah es, daß Ostern in verschiedenen Teilen der Welt an verschiedenen Terminen gefeiert wurde. Im Jahre 387 beispielsweise lagen zwischen der Feier des Osterfestes in Frankreich und Ägypten 35 Tage. Solche Zeitdifferenzen konnten erst durch das von Papst Gregor XIII. 1582 eingeführten Gregorianischen Kalender beseitigt werden. Seit er 1752 auch in Großbritannien und Irland gebräuchlich wurde, wird das Osterfest im westlichen Teil der christlichen Welt am gleichen Tag gefeiert; nicht jedoch in den Ostkirchen, die sich nicht an der Kalenderreform beteiligten. Dort wird Ostern wie in Griechenland heute noch an einem Sonntag vor oder nach dem West-Termin gefeiert.

Dieser Einbindung des Osterfestes in den liturgischen Verlauf des Kirchenjahres entsprechen auch seine zentralen Themen: die Auferstehung Christi und sein vorangehendes Passionsleiden. Sie bestimmen einen wesentlichen Teil der Liturgie und des sich später daraus entfaltenden kirchlichen Brauchtums. Kernszene der ältesten mittelalterlichen Darstellungsformen bildete der in der Liturgie des Ostersonntags verankerte, im 10. Jahrhundert entstandene Wechselgesang zwischen den von Geistlichen dargestellten drei Marien und dem Engel am leeren Grab Christi, eine Szene, an deren Darstellung die Gläubigen in späterer Zeit aktiv beteiligt wurden, um sie zum Nachvollzug des Heilsgeschehens zu bewegen. Dabei kam es, wie die Eulenspiegel-Erzählung erkennen läßt, des öfteren auch zu Zwischenfällen und Raufereien.

Aus diesen Heilig-Grab-Aufführungen wurden bald umfassendere Osterspiele, mit denen das gesamte Heilsgeschehen veranschaulicht werden sollte. Dazu ergänzte man die Grabszene zunächst durch die Aufnahme weiterer zum

Ostergeschehen gehörender Szenen, wie die Begegnung Christi als Gärtner mit Maria Magdalena oder den Wettlauf von Petrus und Johannes zum Grab, vor allem aber durch die Niederfahrt Christi zur Hölle und das Weltgericht.

Um möglichst viele Gläubige zur *compassio* zu bewegen, zum Mitvollzug des Leidensweges und der Auferstehung Christi, wodurch sie zum Glaubensakt geführt werden sollten, inszenierte man die zuvor ausschließlich in lateinischer Sprache konzipierten Aufführungen seit dem 13. Jahrhundert zunehmend in den Volkssprachen. Zur Steigerung ihrer dramatischen Anschaulichkeit versah man sie mit alltagsnahen und komischen Szenen. Ab dem 14. Jahrhundert entwickelten sich daraus die Passionsspiele, die zu mehrtägigen, sehr aufwendigen Veranstaltungen heranwuchsen. Für die *Passion de Paris*, die vom Magister und Organisten der Kathedrale von Notre Dame verfaßt wurde, benötigte man beispielsweise 2244 Schauspieler, die 393 Rollen übernahmen. Da kaum in einer Stadt so viele Geistliche zur Verfügung standen, durften auch Laien mitwirken. Die *Passion de Paris* umfaßte 34 574 Verse und dauerte vier volle Tage, denn sie schilderte das gesamte Heilsgeschehen vom Sündenfall bis zur Erlösung Christi durch seinen Kreuzestod und die Auferstehung.

Um die Zuschauer bei solchen Mammutaufführungen zum Ausharren zu bewegen, lockerte man sie durch komische Einlagen und Zwischenspiele auf, die der Unterbrechung und Entspannung dienten. In Deutschland beliebt war vor allem die Salbenkrämerszene und die Niederfahrt Christi in die Hölle, die beide, mit derber und auch unflätiger Komik angereichert, die Gläubigen zum Lachen brachten. Die Höllenfahrt Christi war seit dem 9. Jahrhundert im kirchlichen Ritual detailliert festgelegt. Das in einem Kultgrab versenkte Kreuz wurde am Karsamstag erhoben und vor eine verschlossene Kirchentür getragen, die das Höllentor darstellen sollte. Nach vergeblichem Wortwechsel des Christusdarstellers mit dem den Teufel imitierenden Geistlichen hinter der Tür verschaffte sich Christus gewaltsam

Einlaß. Bald danach kam er triumphierend unter dem Jubel der Gläubigen mit den aus der Hölle befreiten Seelen zurück.

Passionsspiele werden noch heute veranstaltet. Weltweit bekannt sind vor allem die alle zehn Jahre aufgeführten Oberammergauer Passionsspiele, die hohe künstlerische Ansprüche stellen. Für Touristen attraktiv sind aber auch die im Fünfjahresrhythmus dargebotenen Freilichtspiele der Sommersdorfer (Unterfranken), ein Theater von Laien für Laien, das noch die mittelalterliche Tradition des gemeinsamen quasi-liturgischen Nachvollzugs der Heilsgeschichte pflegt. Mit 300 Laiendarstellern aus dem nur 560 Bewohner umfassenden Dorf ist praktisch jede Familie beteiligt. Aber auch volkstümliche Abwandlungen der Höllenfahrtsspiele haben bis in die Gegenwart überlebt, so die *Abbalu di li diavuli* in Sizilien. In Prizzi findet alljährlich am Ostersonntag ein Umzug statt, bei dem Tod und Teufel durch das Dorf ziehen und Schabernack treiben. Doch wie bereits die Höllenfahrtsspiele anschaulich demonstrierten, haben die beiden keine Chancen gegen den auferstandenen Christus, der in Begleitung Mariens die Unholde triumphierend verjagt.

Im Kontext didaktischer Aufbereitung christlicher Inhalte und der innerlichen Beteiligung der Gläubigen am Heilsgeschehen haben wir auch die Palmsonntagsumzüge zu sehen. Mit ihnen feierte man seit dem 4. Jahrhundert eine Woche vor Ostern den glanzvollen Einzug Christi in Jerusalem. Man setzte dazu zunächst einen lebenden Esel ein, der von einem Darsteller geritten wurde, doch wurde schon bald der Esel, später auch der Christusdarsteller durch Holzfiguren ersetzt. Auf Rädern montiert zog man den reitenden Jesus nun *in effigie* durch die Straßen. Während der Reformation wurden diese hölzernen Palmesel in regelrechten Bilderstürmen bekämpft, mancherorts als Abgötterei oder Teufelswerk öffentlich verbrannt oder zerhackt. Die Katholiken legten daraufhin nur um so größeren Wert auf bildlich figürliche Darstellungen, so daß sie sich den Anordnungen widersetzten oder sich nach Vernichtung des alten wieder einen neuen Palmesel schnitzen ließen. Mancherorts kam es auch zu tragischen Auseinandersetzungen. So wurde der in Villingen mit der Vernichtung des Palmesels beauftragte Schmied, »kaum etlich schritt von dann für sich gegangen, alsobald von einer auss der stadt geschossenen Kugel getroffen«.

So konnte sich der Brauch in katholischen Landschaften trotz hartnäckiger Reformbestrebungen bis ins 18. Jahrhundert (in Kühbach bei Aichach in Bayern sogar ungebrochen bis in unser Jahrhundert hinein) erhalten, so daß wir ihn 1784 noch in Josef Richters *Bildergalerie katholischer Mißbräuche* beschrieben finden. Dann allerdings wurde er im Zuge aufklärerischer Reformen gemeinsam mit den bunt verzierten heiligen Gräbern erfolgreich ausgerottet.

Den bei diesen Umzügen mitgeführten Palmen, die sich bis heute erhalten haben, schrieb und schreibt man besondere Schutz- und Heilwirkungen zu. Wurden in Spanien, Süditalien und Israel echte Palmzweige zur Weihe in die Kirche getragen, ersetzte man sie in nördlicheren Zonen durch Buchsbaumsträuße, Hasel- oder Stechpalmenzweige. Vor allem im süddeutschen Raum fertigt man noch heute teilweise meterhohe Kunstgebilde an, deren Zweige, mit bunten Papierblumen geschmückt, das ganze Jahr über an den Giebeln der Gehöfte zu sehen sind. Sie sollen Haus und Hof, Mensch und Tier vor Schaden und Unglück aller Art bewahren. Mancherorts werden sie in den Weinbergen aufgestellt, um den Ertrag vor Hagel und Gewitter zu schützen. Die Gestaltung dieser Osterpalmen erfolgt nach traditionellen allegorischen Vorstellungen. Stechpalmenkugeln werden mit Rosen und den Leidenswerkzeugen verziert, um die Passion des Herrn zu versinnbildlichen. Die mit bunten Bändern umwundenen Rundbögen aus Immergrün verkünden hingegen den Sieg Christi über den Tod. In Holland stattet man die Palmen mit gebackenen Kränzen aus Hefeteig aus, die mit einem Kreuz und Tierfiguren geziert werden. Die Teigtiere, meistens Hähne, dürfen zur Freude der Kinder nach der Prozession aufgegessen werden.

Schutzfunktionen haben auch andere Brauchelemente des Osterfestes, so die sogenannten Antlaßeier, also die Eier, die am Gründonnerstag (auch Antlaßtag genannt) gelegt wurden und den Täuflingen vorbehalten waren. Nach ihrer Entlassung aus der Kirchenbuße am Gründonnerstag sollten sie das Antlaßei möglichst mit der Schale verzehren, da es dann um so wirksamer vor Unheil schützen sollte.

Allerlei Wunderkräfte schrieb man ebenfalls dem in der Nacht zum Ostersonntag geweihten Taufwasser zu, von dem sich die Gläubigen seit dem 9. Jahrhundert mit nach Hause nehmen dürfen. Aber auch dem bei Sonnenaufgang schweigend aus bestimmten Quellen, Bächen oder Flüssen gegen den Strom zu schöpfenden Osterwasser sagte man heilende und fruchtbarkeitsfördernde Wirkungen oder sogar Schönheitszauber nach; es sollte Warzen, Ausschläge und Sommersprossen vertreiben.

Nicht zuletzt sind auch die Karfreitagsglocken von Aberglauben umgeben. Nach rheinischer, niederländischer und belgischer Anschauung fliegen sie im Anschluß an die Gründonnerstagsmesse nach Rom und kommen erst am Ostersonntag frisch geölt oder repariert zurück. Von ihrem Ausflug bringen sie Geschenke und natürlich Ostereier mit. In Aachen warfen die Tuchmacher ihnen am Gründonnerstag deshalb ein kleines Stückchen Tuch nach und baten sie, ihnen am Sonntag davon ein neues Festtagsgewand mitzubringen.

Prachtvoll und fröhlich ging es schon seit dem 14. Jahrhundert bei der Auferstehungsmesse am Ostersonntag zu, denn an diesem Tage sollte die Freude über die Auferstehung des Herrn miterlebt und kollektiv zum Ausdruck gebracht werden. Dies tat man, wie Johannes Kesslers Chronik von 1533 überliefert, »mit orgeln, pfifen und singen, rochen und fürstellung allerlai kilchenzierd«. Diese frohgemute Festtagsstimmung vermitteln unter anderen Johann Wolfgang Goethes *Osterspaziergang* wie auch Wilhelm Waiblingers *Heilige Woche* in Rom. Dort endete die bereits am frühen Morgen mit Böllerschüssen eingeleitete Ostersonntagsfreude mit einem grandiosen Feuerwerk über der Engelsburg.

Feuer spielte bereits in der Ostervigil, also in der Karsamstagnacht, eine wichtige Rolle, besonders im Bereich der orthodoxen Kirche, aber auch im deutschsprachigen Süden Europas. Dort löscht man an vielen Orten noch heute am Karfreitag das Herdfeuer, um es an den in der Nacht zum Sonntag vor den Kirchen lodernden Osterfeuern wieder zu entzünden. Sie versinnbildlichen das neue Licht, das mit Christus in die Welt gekommen ist. Daß auch diesem österlichen Brand heilige Wunderkräfte zugeordnet werden, macht Wladimir Dals Geschichte deutlich.

Die Osterfreude war früher allerdings Aufgabe der Prediger. Sie hatten die Gläubigen in diese freudige Stimmung zu versetzen und für das sogenannte Ostergelächter (*risus paschalis*) zu sorgen. Der reformierte, in Basel predigende Priester und Professor der Theologie Wolfgang Capito berichtete 1518, auf welche Weise man dies zu erreichen versuchte. Zum einen durch Witze und Späße, »die dem Küchenmilieu entstammen«, durch Nachahmung von Tierstimmen, aber auch durch groteske Gebärden, mit denen der »freche Hanswurst, onanierend« dargestellt wurde, »die Dinge vor Augen führend, die die Eheleute passenderweise in ihrer Kammer und ohne Zeugen zu tun pflegen«. Mancher ging gar so weit, zur Belustigung der Kirchgänger seine Geschlechtsteile zu entblößen. Selbst wenn eine große Zahl Neugieriger gerade wegen dieser Obszönitäten die Ostermesse besuchten, stießen sie jedoch auch auf heftige Kritik. Mehrfach ist überliefert, daß einige »honorige Männer in ihre Häuser flüchteten, um durch solche Späße nicht beschmutzt zu werden«.

Während der Reformation abgeschafft, erhielt sich das Ostergelächter nur in katholischen Gebieten, allerdings in weitaus züchtigerer Form. Es wurde durch Geschichten, Scherze oder eigens zu diesem Zweck verfaßte Ostermärlein hervorgerufen, die den Predigern seit dem 18. Jahrhundert in speziellen Handbüchern zur Auswahl gestellt wurden. Zu bedenken ist, daß dieser unter heutigen Gesichtspunkten scheinbar skandalöse Brauch nicht der theologischen Grundlage entbehrte. Zum Ausdruck von Freude gehörte bis zur Reformation auch die Lust am Geschlechtlichen, die, zum richtigen Zeitpunkt praktiziert, durchaus kirchliche Legitimation erfuhr. Andererseits erklären sich gerade die skandalösen Formen der das Ostergelächter provozierenden Ostersonntagspredigten auch durch die Komik der Höllenfahrtsspiele. Ihre grotesken Figuren sollten durch obszöne Gesten und drastische Satire gezielt die Sünden der Mitmenschen demonstrieren und durch befreiendes Lachen eine Katharsis bewirken.

Auch dem nicht nur von Goethe verwendeten Motiv des Osterspaziergangs liegt in erster Linie der Ausdruck der Freude zugrunde. Erst im nachhinein versah man den Osterspaziergang mit einem biblischen Hintergrund, indem man ihn in Beziehung zu der für den Ostermontag vorgesehenen Lesung (Lk. 24,13–35) stellte. Erzählt wird, wie den beiden Jüngern auf ihrem Weg nach Emmaus der auferstandene Christus begegnet. Diese Apostelgeschichte sollte zum Glaubensakt und zur Nachfolge Christi anregen. Im Volksbrauch hat sich diese kirchlich-didaktische Erzählung als Emmausgang niedergeschlagen, wie ihn auch Peter Rosegger noch in seiner Jugend kannte.

Zum genuin christlichen Brauchtum des Osterfestes gesellen sich, wie vor allem am Wunder- und Aberglauben anklingt, auch magisch-heidnische Elemente. Befaßt man sich intensiver mit den heute verbreiteten Interpretationen des Festes, so stößt man bereits bei der Frage nach dem Ursprung seines Namens auf Erklärungen, die ihm heidnische Wurzeln zuordnen. So erklärte die *Badische Zeitung* noch 1982 in ihrer Osterausgabe, Ostern sei einst ein Fest zu Ehren der germanischen Fruchtbarkeitsgöttin Ostara gewesen.

Diese Erklärung hat eine lange Geschichte, denn sie geht auf den angelsächsischen Kirchenhistoriker Beda Venerabilis zurück, der bereits im 8. Jahrhundert von einer solchen Göttin sprach. Allerdings handelt es sich bei seinen Ausführungen um reine Spekulation, denn Beda nahm nur an, daß es unter den vielen heidnischen Göttinnen möglicherweise auch eine namens Ostara gegeben haben könnte. Jakob Grimm, der sich in seiner *Deutschen Mythologie* auf Beda stützte, machte aus dessen Vermutungen Tatsachen. Und da sich Ostara recht gut in die Mythologisierungsbestrebungen der Romantik einfügen ließ, erfuhr diese Erklärung bald große Popularität. Seither werden viele österliche Brauchelemente als germanisch-heidnische Fruchtbarkeits- und Frühjahrsbräuche interpretiert. Mit wallendem Haar und fliegendem Gewand, von Lichtalben umgeben und manchmal in Begleitung des ebenso kuriosen Osterhasen, ziert Ostara deshalb zahllose Grußkarten und Ostereier dieser Zeit.

An der verzerrten Etymologie unseres Osterfestes scheinen auch die Ergebnisse sprachwissenschaftlicher Untersuchungen, die bereits Mitte unseres Jahrhunderts durchgeführt wurden, nur wenig ändern zu können. Nachgewiesen wurde nämlich, daß der Begriff *eostro* keineswegs als Fruchtbarkeitsgöttin zu interpretieren ist, da der sich im Wortstamm (*ausos*) verbergende Bedeutungskern des Wortes lediglich die Morgenröte bezeichnet. Auf ihn geht sowohl das griechische *eos* (Sonne) als auch das lateinische *aurora* (Morgenröte) zurück. Die Morgenröte oder der Tagesanbruch spielte jedoch bei der liturgischen Osterfeier eine wichtige Rolle, denn bei Sonnenaufgang schworen die neubekehrten Täuflinge den Dämonen ab und sprachen das Glaubensbekenntnis.

Während im romanischen Sprachbereich die ursprüngliche Bezeichnung des Passahfestes begriffsbildend wurde (*pâcques*, *pasqua*, *pascua* usw.), verwendete man im angelsächsischen und deutschen Sprachraum den mit *aurora* bedeutungsgleichen altenglischen Begriff *eastron* bzw. das althochdeutsche *ôstarum*, aus dem sich das heutige *easter* bzw. *Ostern* entwickelte.

Die im 19. Jahrhundert enstandene und später durch den Nationalsozialismus propagierte Theorie, Ostern als einen ursprünglich heidnischen, aber christlich überformten Brauch zu deuten, erscheint insofern wenig plausibel. Beide Erklärungsmodelle, das christliche wie das heidnische haben jedoch, unparteiisch betrachtet, eine bunte und phantasievolle Vielfalt von Bräuchen entstehen lassen, die trotz Deutungszwistigkeiten nebeneinander existieren können. Darüber hinaus gibt es für viele Brauchelemente in Vergangenheit und Gegenwart auch schlicht pragmatische Erklärungen.

Fragt man beispielsweise danach, warum man sich an Ostern eigentlich gerade Eier schenkt, so läßt sich dafür eine ganz konkrete alltagsorientierte Begründung finden. Seit etwa Ende des 7. Jahrhunderts bis 1966 war es während der Ostern vorausgehenden vierzigtägigen Fastenzeit verboten, Fleisch und auch die als »flüssiges Fleisch« (*caro liquida*) eingestuften Eier zu verzehren. Da die Hühner während der Fastenzeit aber weiterhin, mit fortschreitendem Frühjahr sogar vermehrt, Eier legten, verfügte man an Ostern trotz der zahlreichen zu Fastnacht, also in der Vorfastenzeit, vorsorglich geschlachteten Hühner über einen Eierüberschuß, den es möglichst rasch zu reduzieren galt. Das vielfältige österliche Eierbrauchtum, wie verschiedenste Eierspeisen, Geschenkeier oder Eierspiele machten aus der Not eine Tugend und trugen zum Abbau des angestauten Eierberges bei.

Doch erst durch die im *Rituale Romanum* festgelegte Benediktion, die das Fastengebot offiziell beendete, wurden sie als Sinnbilder der Auferstehung zu Ostereiern. Als lebenspendendes Mysterium eignete sich das Ei besonders gut zur Inkarnation des christlichen Heilsgeschehens, wie volkstümliche Eierbeschriftungen bildhaft zum Ausdruck bringen: »Wie der Vogel aus dem Ei gekrochen / Hat Jesus Christus das Grab zerbrochen«.

Auch das bunte Kleid der Ostereier hat in erster Linie einen praktischen Grund, denn wie sonst hätte man die segenspendenden von den nichtgeweihten Eiern unterscheiden können. Zunächst färbte man die Ostereier nur in roter Farbe ein, um an das Leiden Christi und sein für die Erlösung der Menschheit vergossenes Blut zu erinnern. Aus diesem ursprünglichen, im Mittelalter üblichen Rotei, das heute noch im Bereich der Ostkirchen Tradition hat, gingen zahlreiche kunstvolle Ziertechniken hervor: man versah Eier mit Strohapplikationen und Scherenschnitten, schmückte sie in Batiktechnik mit Bildern und Mustern, bemalte und beschriftete sie oder fertigte sogar mit Hufeisen beschlagene Eier an. In solch kunstvollem Gewand wurden sie dann verschenkt, verehrt oder feierlich verzehrt. Dabei kam es schon in früheren Jahrhunderten hin und wieder zu ungesundem Übermaß, wie der Heidelberger Medizinprofessor Georg Franck in seiner Schrift *De ovis paschalibus* 1782 zu berichten weiß. Neben Magen- und Darmstörungen kam es sogar zu Todesfällen, u. a. als einer hat »ein rotes Ey gantz wollen hinein verschlucken, es ist aber das Ey zu groß und sein Halß zu klein gewesen, so daß er alsobald daran erstickte«.

Im Bereich der Ostkirche hat das Ostermahl noch ausgeprägte Tradition. Dort fertigt man aus einem üppigen Hefeteig kleine Kulttische an, auf denen man die verzierten Eier zusammen mit den in Körben gepackten anderen Speisen zur Weihe in die Kirche trägt. Danach werden sie zu Hause auf den gedeckten Tischen ausgebreitet, an denen drei Tage lang Gäste bewirtet werden. Wie wichtig bei diesem Osterbrauch die Gäste und die Geste des gemeinsamen Teilens der Speisen sind, macht Siegfried Lenz' Erzählung deutlich.

Aber auch bevor man die geweihten Eier verspeist, wird allerlei Brauchtum getrieben. Während die orthodoxe Feier nur den ernsten Gestus des Eianstoßens kennt, mit dem man mit seinen Nächsten feierlich den Ostergruß tauscht, haben sich in der Westkirche verschiedene Spiele daraus entwickelt. Einige wie das Eierticken, -haschen oder -poinzen werden in Heinrich Lautensacks *Altbayerischen Osterspielen* beschrieben. Dabei spielte auch der Stammbaum des

Huhnes eine wichtige Rolle, war dieser doch für die besondere Härte der Eierschale verantwortlich, die seinem Besitzer, sofern er nicht wie Lautensacks Hansel schummelte, reichen Ertrag einbrachte, der als Eiersalat mit frischen Kräutern verzehrt wurde.

Mit weitaus kostbareren Ostereiern erfreuten die Herrscher Europas ihren Familienkreis. Ließ Ludwig XV. seine Ostereier von damals berühmten Malern wie Boucher oder Watteau mit verspielten Szenen oder Portraits kunstvoll bemalen, so gaben die russischen Zaren Alexander III. und Nikolaus II. beim Hofjuwelier Fabergé Überraschungseier ganz besonderer Art in Auftrag. Für beide Familien schuf das Haus Fabergé insgesamt 56 Osterkostbarkeiten, die mit Überraschungseffekten verschiedener Art ausgestattet waren. Ostern 1897 war das von Zar Nikolaus für seine Gemahlin Alexandra Feodorowna in Auftrag gegebene Goldei mit Diamanten besetzt. In seine guillochierte Schale war das Muster ihres Krönungsmantels eingraviert, und im Inneren verbarg sich zum Entzücken der Zarin eine Miniaturreplik der Krönungskutsche mit purpurrot emaillierten Sitzkissen. 1916 präsentierte sich die österliche Überraschung hingegen in einer zeitgemäß militärischen Aufmachung. Das mit Goldapplikationen versehene Stahlei ruhte auf vier Miniaturgeschossen. Es enthielt eine kleine Staffelei mit einem goldgerahmten Gemälde, das den Zaren und seinen Sohn an der Front im Einsatz zeigt. Unnachahmlich bleibt wohl auch das Osterei, das Nikolaus seiner Gattin zum Osterfest 1900 überreichte. Das nur 26 cm hohe mit einem dreiköpfigen Kaiseradler aus Silber und Gold gekrönte Ei enthielt die transsibirische Eisenbahn, die durch einen aufziehbaren Mechanismus in Bewegung versetzt werden konnte. Der in drei Teile zerlegbare, heute im Kremlmuseum in Moskau zu bewundernde Miniaturzug besteht aus einer Platinlokomotive mit Rubinscheinwerfern und Rücklichtern aus Diamanten. Die fünf kleinen goldenen Waggons sind mit Fenstern aus Bergkristallen versehen und tragen die Aufschriften: »Nur für Damen«, »Post«, »Nichtraucher« und »Raucher«. – Anders sahen solche Prunkeier im streng katholischen Spanien aus. Dort dienten sie den Prinzessinnen der religiösen Erbauung; ihrer weiß emaillierten Oberfläche ist das Evangelium eingraviert, und auf Knopfdruck ertönt eine religiöse Weise.

Nicht uninteressant ist auch die Entstehung des sogenannten Eierlaufens oder Eierlesens (*Course aux œufs*), das bereits im 16. Jahrhundert nachweisbar ist. Zu Beginn des 17. Jahrhunderts war es im deutschen Sprachraum, in Flandern und in Nordfrankreich bis zur Revolution von 1789 weit verbreitet. In einigen Landschaften Deutschlands (Baden-Württemberg, Eifel und Unterfranken) sowie in der Schweiz (Aargau) wird es heute noch in fast unveränderter Form praktiziert. Wie man sich diesen Brauch vorzustellen hat, beschreibt unter anderen 1609 Daniel Schwenter in seinen *Mathematischen und Philosophischen Erquickstunden*: In Augsburg war es »allezeit gebräuchlich, daß sich zween Knaben vor dem Rotenthor im Lauffen in folgender Gestalt üben: Dem einen legt man 100 Eyer nach der Länge, jedes 2 Schuch von dem anderen, die solle er unzerbrochen in ein Korb legen, so auch zwei Schuch von dem ersten Ey stehet, einholen, jedoch so offt nur 1 Ey bringen. Der ander aber solle unterdessen nach Göckingen (ist ein Dorf, nach gemeiner Meinung eine halbe Meil von der Stadt gelegen) lauffen und wieder kommen; und wer seinen Lauf am ersten verrichtet, der gewinnt, was ausgeworfen [den ausgesetzten Preis]«. Dieser Läufer wurde in späterer Zeit durch einen Reiter, Rad- oder Motorradfahrer, in der Schweiz sogar durch einen Skifahrer ersetzt. Wie der Titel von Schwenters Schrift zu erkennen gibt, haben wir es bei diesem Spiel jedoch nicht mit einem liturgischen Brauch, sondern mit einem mathematischen Problem zu tun, das sich in dieser spielerisch umgesetzten Handlung verbirgt. Es lautet, wie Schwenter formuliert: »Jetzt ist die Frage, wie viel der Eyersammler Schuch lauffen müsse und wer vermutlich gewinne«? Die Antwort läßt sich mittels der von Leonardo von Pisa im 12. Jahrhundert aufgestellten Summenformel

$(S = \frac{n}{2} \times (a_1 + a_n))$, wobei n die Zahl der Eier bzw. der einzelnen zwischen den Eiern zu absolvierenden Läufe und a die Distanz, also die zurückzulegende Wegstrecke des Eierläufers bezeichnet) ermitteln und lautet 20 200 Schuh.

Daß auch dieser Brauch in jüngster Zeit sowohl von den Anhängern des heidnischen als auch des christlichen Deutungsmodells vereinnahmt wurde, wird nach der Entlarvung Ostaras keine Verwunderung mehr hervorrufen. Was für den einen im Hinblick auf das Ei als Fruchtbarkeitssymbol zur fruchtbarkeitskultischen Handlung wird, leitet der andere von den im Rahmen der geistlichen Osterspiele abgehaltenen Apostelrennen ab. Inwieweit sich solche Deutungen konkret aus der Brauchpraxis ableiten lassen oder diese befriedigend zu erklären vermögen, mag dahingestellt bleiben, die im Kern mathematische Struktur des Brauchs läßt seine Verwandtschaft mit einem Rechenexempel jedenfalls nicht verleugnen.

Bei der Suche nach den Ursprüngen des Osterhasen und seiner kuriosen Tätigkeit, die bereits die Phantasie Eduard Mörikes und Joachim Ringelnatz' beflügelte, geht man in der römisch-katholischen Liturgie, in die zahlreiche Osterbräuche eingebettet waren, zunächst einmal leer aus. Meister Lampe wurde offensichtlich nicht in den Bildschatz römisch-katholischer Allegorese aufgenommen, jedenfalls nicht hinsichtlich der Osterfeierlichkeiten. Dennoch ist der Osterhase ein durchaus historisch faßbares Phänomen, auf dessen Spuren man jedoch auffälligerweise erst gegen Ende des 17. Jahrhunderts stößt, und zwar ausschließlich im Bereich protestantischer Stadtkultur. Dort hatten ihn findige Köpfe aus erzieherischen Absichten erfunden, um den Auswüchsen des katholischen Osterglaubens zu begegnen. Wie den Palmesel mißbilligte die reformierte Kirche auch die bunt geschmückten Ostereier, denen allerlei Wunder- und Zauberkräfte zugesprochen wurden. Folglich sollten auch sie als »Fehler des Katholizismus«, wie Thomas Kirchmayr 1553 in seinem *Regnum Papisticum* forderte, abgeschafft werden. Da man ihrer jedoch offensichtlich nicht Herr zu werden vermochte, versuchte man wenigstens ihre liturgische Bedeutung zu verschleiern. Dazu mußte man sie säkularisieren und ihnen einen neuen Brauchtumsrahmen geben. Je nach Landschaft ersann man deshalb andere Erklärungen für den österlichen Eiersegen. In Thüringen und der Rhön machte man den Storch für ihn verantwortlich, in Westfalen und Hannover den Fuchs, in Belgien und den Niederlanden gar die aus Rom zurückkehrenden Glocken. In Süddeutschland hingegen wurde der Osterhase geboren, wie Georg Franck 1782 in seiner Ostereier-Schrift vermerkte: »In Oberdeutschland, wie in der Pfalz, im Elsaß und den angrenzenden Gebieten werden diese Eier [die Ostereier] Haseneier genannt, nach der Fabel, mit der man den Naiveren und den Kindern einprägt, daß der Osterhase solche Eier lege und sie in den Gärten im Grase, in den Obststräuchern und anderswo verstecke, damit sie von den Knaben um so eifriger gesucht würden, zum Lachen und zur Freude der Älteren.«

Da die Erwachsenen das Geheimnis des eierlegenden Langohrs so lang als möglich vor ihrem Nachwuchs zu hüten versuchten, kam es zum Versteckspiel, sollte er bei seiner widernatürlichen Tätigkeit doch nicht beobachtet werden können. Erst seit Erfindung des Osterhasen werden die Ostereier deshalb versteckt. So war es, wie der Dichter Friedrich Matthisson 1783 niederschrieb, auch im Hause Goethes üblich, »Ostereier aufzuwirken. Die muntere Jugend, worunter auch kleine Herders und Wielands waren, zerschlug sich im Garten und balgte sich bei dem Entdecken der schlau versteckten Schätze miteinander nicht wenig«.

So wie Ostara als Resultat etymologischer Spekulation zu entlarven war, entpuppt sich also auch der Osterhase als strategische Erfindung, die sich allerdings erst nach dem Ersten Weltkrieg in ganz Deutschland als Favorit der Kinder und der aufstrebenden Süßwarenindustrie durchsetzen konnte. Denn vor allem auf dem Land begegneten ihm klein und groß mit anhaltender Skepsis, was auch Kinderreime überliefern: »Die Mutter färbt die Eier / Der Vater legt sie ins Gras / Dann meinen die dummen Kinder / Das wär der Osterhas.«

Einst war das Osterfest Anlaß höchster Freude, die der Fastenzeit und der in der Karwoche mitempfundenen Trauer über den Leidensweg und den Kreuzestod des Gottessohnes folgte. Die mit ihr verbundene Ausgelassenheit ließ eine Vielfalt an Bräuchen entstehen, die heute größtenteils in Vergessenheit geraten sind. Übriggeblieben sind im wesentlichen nur noch die unter Anleitung der Bastelindustrie selbst anzufertigenden Dekorationseier, für die selbstverständlich auch das Zubehör käuflich zu erwerben ist, sowie Eier und Hasen aus Schokolade, Marzipan und dergleichen. All diese gewinnbringenden Gaben ersetzen das einst geweihte, in liebevoller Handarbeit gezierte Ei. Bunt bräuchten deshalb auch die in Wirtschaften oder Supermärkten oft schon lange vor Ostern, eigentlich also noch während der Fastenzeit feilgebotenen Hühnereier nicht mehr zu sein. Denn wozu müssen wir dieses kommerzielle Produkt noch von seiner blassen Spezies unterscheiden können, wenn Sinn und Brauch seines schmucken Kleides in unserer Erinnerung verblaßt oder gänzlich verschwunden sind. Auch entbehrt das aus Legebatterien stammende Ei jeglicher Individualität und wohl auch der für die beschriebenen Eierspiele notwendigen Stabilität. Nur die Macht der Gewohnheit und ein vielleicht unbewußtes »da war doch mal was« verlockt uns immer wieder zum Kauf. So nimmt sich die österliche Brauchlandschaft, wie Marie Luise Kaschnitz schrieb, nur noch als »ärmliche Vorfrühlingsfreude« aus. Ostern ist heute, um mit Heinz Erhardt zu schließen, »eben nichts besonderes« mehr, »denn es kam in den vergangenen Jahren auch schon einmal vor«.

Eva Kimminich

Literaturhinweise

Jacobelli, Maria Caterina: Ostergelächter. Sexualität und Lust im Raum des Heiligen. Regensburg 1992.

Knobloch, Johann: Der Ursprung von nhd. Ostern, englisch Easter. In: Die Sprache 5 (1959) S. 27–45.

Moser, Dietz-Rüdiger: Bräuche und Feste im christlichen Jahreslauf. Graz/Wien/Köln 1993.

Schuldes, Luis: Die Teufelsszenen im deutschen geistlichen Drama des Mittelalters. Versuch einer literarhistorischen Betrachtung unter besonderer Betonung geistesgeschichtlicher Gesichtspunkte. Göppingen 1974.

Wendland, Volker: Ostermärchen und Ostergelächter. Brauchtümliche Kanzelrhetorik und ihre kulturkritische Würdigung seit dem ausgehenden Mittelalter. Frankfurt/Bern/Cirencester 1980.

Reclam
LESEBUCH

Gebundene Ausgaben mit
farbiger Einbandgestaltung

Eine Auswahl

Heiteres Darüberstehen
Geschichten und Gedichte zum Vergnügen
Zusammengestellt von Stephan Koranyi
Mit Vignetten von Gustav Klimt

Liebe, Liebe, Liebe
Geschichten, Gedichte und Gedanken
Zusammengestellt von Stephan Koranyi
Illustriert von Werner Rüb

Literarischer Adventskalender
Herausgegeben von Evelyne Polt-Heinzl
und Christine Schmidjell

Die vier Jahreszeiten
Gedichte
Herausgegeben von Eckart Kleßmann

Goethe-Brevier
Herausgegeben von Johannes John

Fontane-Brevier
Herausgegeben von Bettina Plett

Nietzsche-Brevier
Herausgegeben von Kurt Flasch

Thomas Mann-Brevier
Herausgegeben von Günther Debon

Kafka-Brevier
Herausgegeben von Joseph Vogl

Reclams Märchenbuch
Herausgegeben von Lisa Paulsen
Mit Illustrationen von Werner Rüb

Blumen
auf den Weg gestreut
Gedichte
Herausgegeben von Heinke Wunderlich
Mit 16 Farbabbildungen

Die Wundertüte
Alte und neue Gedichte für Kinder
Herausgegeben von Heinz-Jürgen Kliewer
Mit Illustrationen

Der Zauberkasten
Alte und neue Geschichten für Kinder
Herausgegeben von Heinz-Jürgen Kliewer
und Ursula Kliewer

Das Nonsens-Buch
Herausgegeben von Peter Köhler
Mit 48 Abbildungen

Das Katastrophen-Buch
Herausgegeben von Peter Köhler

Chinesische Weisheit
Übersetzt und herausgegeben
von Günther Debon
Mit 23 Abbildungen

Weisheit des Islam
Herausgegeben von Annemarie Schimmel
Mit 19 Abbildungen

Die Weisheit der Heiligen
Ein Brevier
Herausgegeben von Johanna Lanczkowski

Reclams Weihnachtsbuch
Erzählungen, Lieder, Gedichte, Briefe,
Betrachtungen
Herausgegeben von Stephan Koranyi
Mit Illustrationen von Sylvia Neuner

Zum Glück
Wege und Umwege
Herausgegeben von Jörg Zirfas

Lob der Vergänglichkeit
Herausgegeben von
Karl-Heinz Hartmann

Philipp Reclam jun.
Stuttgart